당신의 식탁을 뒤흔드는 머니게임

소고기 자본주의

소고기 자본주의

초판 1쇄 인쇄   2016년 7월 30일

지은이   이노우에 교스케
옮긴이   박재현
펴낸이   김태수
디자인   정다희
펴낸곳   엑스오북스
출판등록   2012년 1월 16일(제25100-2012-11호)
주소   경북 김천시 개령면 서부1길 15-24
전화   02-2651-3400

ISBN   978-89-98266-19-6 03300

잘못 만들어진 책은 구입하신 곳에서 바꾸어 드립니다.
값은 뒤표지에 있습니다.

이 도서의 국립중앙도서관 출판예정도서목록(CIP)은 서지정보
유통지원시스템 홈페이지(http://seoji.nl.go.kr)와 국가자료공동
목록시스템(http://www.nl.go.kr/kolisnet)에서 이용하실 수 있
습니다. (CIP제어번호 : CIP2016017104)

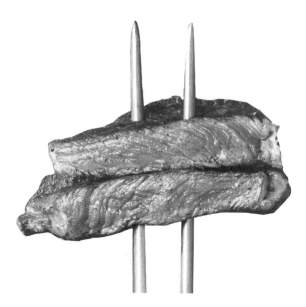

당신의 식탁을 뒤흔드는 머니게임

소고기 자본주의

지은이 **이노우에 교스케**   옮긴이 **박재현**

들어가는 글

2015년 9월 30일 현재, 소고기와 콩을 비롯한 곡물의 국제시세는 안정세를 되찾았다. 1년 전과 비교하면 많이 떨어진 가격이다. 소고기는 킬로그램당 17퍼센트 하락한 약 6만4400엔, 콩은 톤당 13퍼센트 떨어진 약 3만8800엔(시카고 선물시장 기준 1달러＝120엔으로 계산)이다. 그만큼 먹을거리 가격이 국제적으로 '요동치고 있다'는 뜻이다. 한때 수차례 가격을 올렸던 대형 소고기덮밥 체인점도 2015년 10월 일부 지역에서는 가격을 낮췄다.

  그렇다고 안심할 수는 없다. 구조적인 문제가 여전히 해결되지 않았기 때문에 언제 또 다시 납득할 수 없는 가격 폭등이 일어날지 모른다. 바로 이런 문제의식이 이 책에서 다루는 핵심 주제다.

사람들은 누구나, 특히 일본인들은 시간이 조금만 지나면 괴로 움을 쉽게 잊는 경향이 있다. 만약 당신도 그렇다면 지금부터라 도 기억해 두기 바란다. 위기는 또 다시 닥쳐온다는 것을. 그래야 위기에 대비할 수 있다.

수입 식품을 거래하는 사람 중에는 뜨거운 열정으로 일하는 이 들이 많다. 수입회사의 상사원은 물론이고 고기 가공업자, 최종적 으로 고객에게 고기를 서빙하는 식당 직원……. 그들의 노고 덕 분에 우리는 소고기 가격 폭등 뒤에서 얽혀 돌아가는 치열한 상 황을 잊곤 한다.

그럼에도 소고기덮밥의 가격이 몇 십 엔씩 찔끔찔끔 여러 차 례 오르는 게 뭔가 미심쩍다고 생각하는 이들이 많다. 가격 인 상을 피부로 느끼지 못하게 하려는 얄팍한 상술로 보는 것이다. 물론 기업의 수익이라는 관점에서 보면 그런 측면도 분명 있을 것이다.

그러나 기업들은 기본적으로 싸고 맛있는 음식을 빠르게 일본 은 물론 세계 여러 나라 사람들에게 제공하려고 한다. 이번에 우 리가 세계 곳곳을 밀착 취재한 뒤 얻어낸 결론이다. 결코 입에 발 린 칭찬도, 그들과 한통속이 되어 하는 말도 아니다.

NHK 방송국에 들어온 지 어언 30년 동안 나는 PD로 방송 프로그램을 제작해왔다. 방송국 편집실에서 <NHK 스페셜> 편집에 심혈을 기울이고는 가급적 일찍 귀가한다. 초등학생 아들에게 카르보나라 스파게티를 만들어주는 자상한 아빠가 되기 위해서다. 그래 봐야 달걀노른자, 우유, 치즈 한 장, 소금, 후추, 뜨거운 물에 면을 삶아내면 15분 만에 간단히 만들 수 있는 음식이지만 말이다.

　그러나 나는 집에서도 늘 '자면서도 생각하는' 종류의 인간이다. 한때는 방송에 나왔던 사람들이 매일 밤 꿈에 등장한 적도 있다. 유년 시절 즐겨 본 '울트라맨'처럼 옷을 입은 상사맨들이 꿈에 나타나 괴수와 싸우기도 했다. 그런데 이 꿈은 어떤 의미에서는 꿈이 아니다. 현실에서, 우리 앞에서 실제로 일어나고 있는 실화다. 왜 내 꿈속에서 그들은 이런 모습을 하고 있었을까?

　"우리에게는 우리나라 사람의 먹을거리를 지킬 사명이 있습니다."

　이번에 취재한 상사원들은 진지한 표정으로 이렇게 말한 적이 있다. '먹을거리'가 곧 우리의 '생명'이나 마찬가지라는 생각을 갖고 있었던 것이다.

　언제 괴수가 이 땅에 상륙할지는 아무도 모른다. 때문에 그에 대비하기 위해서는 괴수가 얼마나 두려운 존재인지, 이 땅에 어떤 식으로 상륙할지 알아야 한다. 그렇다면 이 시점에 가장 무서운 괴수는 무엇일까? 그들은 어떻게 상륙할까?

이 책에서 나는 그 괴수를 '소고기덮밥을 먹을 수 없는 날'로 정했다. 물론 소고기덮밥이 사라진다고 해서 우리가 죽는 건 아니다. 하지만 실제로 그 일이 벌어졌을 때 "하는 수 없지, 뭐" 하면서 태연하게 받아들일 수 있을지는 의문이다.

그때 우리가 받게 될 충격에 대해 미리 생각해보고 싶다. 나 역시도 2주에 한 번은 소고기덮밥으로 끼니를 때우는 사람이기 때문이다. 처음 세 숟가락은 그냥 먹고, 다음 세 숟가락은 홍생강을 곁들이고, 나머지는 날달걀을 풀어 호로록 먹는다. 이 맛있는 것을 먹을 수 없게 되는 날이 오면 어떨까? 자, 어깨에 힘을 빼고, 그러나 좀 진지하게 생각해 보시기 바란다. 이 책을 통해 우리가 현재 먹고 사는 것들을 먹을 수 없게 되는 그 상황을.

소고기가 뛰면 양고기도 뛴다

제3장

콩 찾아 삼만리-미국과 브라질로

제4장

중간고찰 미국형 자본주의의 상징, 소고기

제7장 대가뭄의 가공할 위력

 제8장 소고기는 공업제품인가

제9장 지구를 구하는 산촌 자본주의

제10장 기후변동, 식량위기는 어떻게 피할까?

제**1**장

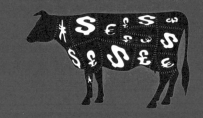

소고기덮밥을 못 먹게 되는 날

'국민메뉴'
소고기덮밥이 수상하다

월급날이 임박한 어느 날 번화가의 점심시간. 수많은 샐러리맨이 소고기덮밥 식당으로 달려간다. 한 달에 한 번 아내에게 받는 용돈이 얼마 남지 않아 지갑은 홀쭉한 상황. 느긋하게 앉아서 식사할 시간 여유도 없다. 오후 첫 업무로 거래처 상담이 잡혀있기 때문이다. 이럴 때는 그저 소고기덮밥이 최고다. 주문 즉시 나오고 맛도 좋으니까. 달달하고 매콤한 불고기를 젓가락으로 휘휘 섞어 입에 넣으면 특유의 풍미가 입 안 가득 퍼진다.

'아아! 이 가격에 이런 음식을 먹을 수 있다니. 얼마나 다행인가……'

이런 행복을 우리는 언제까지 누릴 수 있을까? 괜히 겁주려고 하는 말이 아니다. 우리가 보지 못하는 세상 어느 곳에서는 지금도 작은 행복을 앗아갈지도 모르는 음모가 차근차근 진행되고 있다. 너무도 고요해 아직은 실감하기 힘들지만 언젠가는 무섭게 몰아칠 폭풍우가 한 걸음 한 걸음 다가오고 있다.

우리가 그 폭풍우 속을 들여다보게 된 것은 실로 우연이었다. 덮밥용 소고기 부위인 쇼프 플레이트Short Plate를 수입하는 상사원의 말 한 마디가 기폭제가 되었다.

"지금 벌어지고 있는 무서운 현실을 사람들에게 알려야 합니다."

그 상사원과 불고기를 함께 먹으면서 이 말을 처음 들었을 때, 나는 불판 위에서 맛있게 구워지고 있는 소고기가 갑자기 애처로워 보이기까지 했다.

이름하여 소고기 쟁탈전! 이 싸움이 시작된 건 사실 어제 오늘의 일이 아니다. '거대한 폭식', 다시 말해 중국에서의 엄청난 육류 소비는 덩샤오핑의 개혁개방정책 이후 시작됐다.

흥미로운 것은 중국인들이 즐겨 먹던 식육은 돼지나 닭이라는 점이다. 소고기는 줄곧 국물용으로만 쓰였다. 그런데 음식의 서구화가 빠르게 진행되면서 최근 1~2년 사이에 놀랄 만한 변화가 일어났다. 도대체 무슨 일이 벌어지고 있는 것일까?

소고기덮밥은 언제까지 먹을 수 있을까

국제적으로 소고기 쟁탈전이 벌어지면서
소고기 가격이 불안정해지고 있다.

기나긴 취재 과정에서 현장을 수차례 면밀히 들여다 본 결과 희한한 공통점이 눈에 들어왔다. 간단히 말해 그 현장에서는 근본과 말단이 뒤바뀐, 본말전도 현상이 벌어지고 있었다.

그 상황은 '머니자본주의' 즉, 돈이 돈을 만드는 자본주의 현장을 취재했던 몇 년 전의 양상과 비슷했다. 2008년 세계를 뒤흔든 금융위기 '리먼 쇼크' 이후 <NHK 스페셜> 취재팀은 그 실태를 파헤치기 위해 '머니자본주의'란 제목의 다큐멘터리를 방영했다.

당시 미국 뉴욕에 본사를 둔 최대 증권사 리먼브라더스의 파산은 세계경제를 나락으로 떨어뜨렸다. 지구를 돌고 돌아야 할 막대한 돈이 그야말로 순식간에 사라져버렸다. 왜 이런 일이 벌어졌을까?

우리는 그 사태의 당사자들을 만나 실태를 파고 들었다. 전 세계를 커버하는 금융 시스템을 만든 투자은행 간부들, 복잡한 수학이론을 접목해 그 시스템을 구축한 금융공학자, 거액의 자금을 새로운 방식의 금융상품에 쏟아 부은 연금기금 같은 투자가 등을 취재한 결과, 우리가 확인한 금융위기의 최대 원인은 '본말전도'였다.

처음엔 분명 좋은 의도로 시작된 일이었다. 미국으로 이주해 온 사람들이 내 집을 장만할 수 있도록 리스크를 분산시킨 대출 시스템이 만들어졌다. 대출채권으로 만들어진 그 금융상품

19

이 어느 사이엔가 '이율이 높다'는 입소문을 타면서 투자자들이 몰리게 된다. 자연스레 주택대출을 장려하는 분위기가 조성되었다.

그런 분위기가 점차 확산되자, 대출금을 갚을 능력이 없는 사람들에게까지 돈을 대출해주는 상황으로 이어졌다. 위험한 대출일수록 이자가 높기 때문에 대출채권으로 구성한 금융상품은 높은 수익을 가져다 줄 거라며 안심했다. 그야말로 근본적인 것과 그렇지 않은 것이 완전히 뒤바뀐 본말전도 상황이 벌어진 것이다.

본말이 뒤바뀐 소고기 대유행

소고기 쟁탈전에서도 이처럼 본말이 전도되는 현상이 일어나고 있다. 지금부터 그 현장으로 여러분을 안내하려고 한다.

앞에서도 언급했듯이 중국 내륙지역에서는 식육이라고 해봤자 돼지고기나 닭고기 밖에 없었다. 그런데 웬일인지 소고기를 거의 먹지 않던 지방도시에서도 소고기 수입이 늘고 있다. 그것도 믿

66

중국인들은 전통적으로
돼지고기나 닭고기를 즐겨 왔다.
소고기는 국물용으로나 썼다.
그런데 왜 소고기 수요가
폭증한 것일까.
그것도 내륙지방 시골에서까지.
수천 년 동안 이어져온 식습관이
하루 아침에 바뀐 것일까?
중국에서 도대체
무슨 일이 벌어지고 있는 걸까?

99

을 수 없을 만큼 폭발적인 속도로 말이다. 지방의 중화요리점에서 가장 인기리에 팔리는 메뉴도 다름 아닌 소고기볶음이다. 거기다 서양식 스테이크 하우스도 줄줄이 문을 열고 있다.

소고기를 그리 즐기지 않던 시골에서 왜 갑자기 소고기가 불티나게 팔리는 것일까? 물론 살림살이가 윤택해지면서 비싸고 맛좋은 소고기를 먹을 수도 있다. 그러나 단지 그 이유만으로? 수천 년 동안 이어져온 중국인의 식습관이 하루아침에 변할 수 있을까? 납득하기 어려운 일이다.

그 이유를 추적하던 중 우리는 "소고기를 파는 사람이 요즘 부쩍 많아졌다"는 말에 귀가 번쩍 뜨였다. 이 이상한 과잉수요 현상의 본질에 다가갈 실마리를 찾게 된 것이다. 소고기를 먹는 사람이 증가해서 그렇기도 하지만 그에 앞서 소고기를 파는 사람이 많아져 소비가 늘어나는 역설적인 상황을 만나게 되었다고나 할까.

사연인즉 이랬다. 리먼 쇼크 이후 그리스 금융위기가 터지면서 유럽도 덩달아 경기 침체에 빠졌다. 그때까지 '세계의 공장' 역할을 해온 중국에도 당연히 그 영향이 미쳤다. EU 국가들에 대량의 기계제품을 팔아오던 무역업자들이 그 충격을 고스란히 떠안아야 했던 것이다.

유럽에 기계를 수출하여 수익을 올리던 무역상들은 그 바람에 갑자기 돈냄새 맡기가 어려워졌다. 어쩔 수 없이 그들은 전직을 결심하게 된다. 그것도 기계 무역과 전혀 관계가 없는, 완전히 다른 업종으로 말이다. 그렇게 시작한 일이 바로 소고기 수입이다.

돈벌이에 혈안이 된 그들은 수익을 최대한 끌어올리기 위해 다량의 소고기를 수입한다. 그리고는 사람들이 가급적 소고기를 많이 먹도록, 소고기 유행에 불을 지피기 위해 막대한 자금을 쏟아붓는다.

이런 식의 돈벌이라면 굳이, 반드시 소고기가 아니어도 좋았을 것이다. 그저 소고기가 돈이 된다고 판단했기 때문에 소비 확대를 위해 소고기 메뉴를 다양하게 늘리고 스테이크 하우스란 것을 오픈하여 소고기를 먹도록 장려한 것이다.

소고기 대유행을 불러일으킨, 그야말로 본말이 전도된 상황은 이렇게 작동하게 된 것이다. 머니자본주의가 잘하는 일종의 '역회전 사이클'이 소고기 분야에서도 점차 빠르게 회전하기 시작한 것이다.

꼼꼼하게 취재를 이어가는 동안 우리는 본말전도를 일으키는 장치가 곳곳에 마련되어 있다는 것을 알게 되었다. 머니자본주의의 '총본산' 뉴욕 월가에서도 당연히 새로운 시스템을 만들어 놓고 있었다. 그 시스템 중 하나가 커모디티 인덱스 펀드^{commodity index}

^{fund}다.

이 펀드는 적은 금액으로도 금, 구리, 원유 등 실물자산을 기초자산으로 하는 선물에 투자해 분산투자 효과를 얻을 수 있도록 설계된 금융상품이다. 소, 돼지, 커피, 옥수수, 면화 등 다양한 실물자산에 투자함으로써 상대적으로 안정성을 높인 상품이다.

이 펀드의 정체를 자세히 알게 된 것은 한 투자가 덕분이었다. 미국의 휴양지 플로리다에 사는 그는 몇 십 년 동안 식육, 곡물, 원유 같은 소위 생활필수품의 선물시장에서 수익을 올리는 프로 투자가다. 그에게 단도직입적으로 물었다.

"왜 이토록 소고기 쟁탈전이 과열되고 있는 겁니까?"

도전적으로 시시콜콜 캐묻는 우리에게 그 투자가는 진지한 표정으로 입을 열었다.

인덱스 펀드라는 함정

"커모디티(상품) 인덱스 펀드가 나오자 아마추어 투자자의 자금이 대량으로 유입되면서 가격이 비정상적으로 올라갔지요."

얼마 전까지만 해도 프로들의 세계였던 이 분야에 새로운 세력이 등장하면서 물이 흐려졌다는 얘기였다.

커모디티(상품)의 선물거래는 원래 곡물을 안정적으로 구매하기 위해 마련된 것이다. 날씨 영향을 심하게 받기 때문에 미래를 예측할 수 없는 게 곡물 거래다. 이 과정에서 큰 손실을 입지 않도록 곡물을 수확하기 전에 미리 어떤 가격에 팔거나 사는 것이 선물거래의 기본 방식이다.

예를 들어, 선물거래를 통해 곡물을 대량으로 구입하는 수입회사가 있다고 가정해보자. 이 회사는 이번 수확기에 얼마만큼의 수량에 어느 정도의 가격이 형성될 거라고 예상해 선물시장에서 일정량을 '어떤 가격'으로 산다. 마침내 수확기가 다가와 예상했던 것보다 풍작이 나면 실제 가격은 낮아지기 때문에 손해를 보게 된다.

그러나 드물기는 하지만 대흉작이 될 때도 있다. 이럴 때면 곡물값이 급등한다. 엄청난 자금을 쏟아 붓지 않고는 필요한 양을 사들일 수 없다. 이때 선물로 사둔 것이 효자 노릇을 한다. 결과적으로 '믿기지 않는 낮은 가격'으로 곡물을 확보하게 되는 셈이다. 이처럼 선물거래는 가격 안전장치인 셈이다. 이를 헤지^{hedge}(가격변동의 위험을 선물의 가격변동에 의해 상쇄하는 선물거래)라고 한다.

이 모든 거래는 곡물을 실제로 필요로 하는 사람들에게 해당되

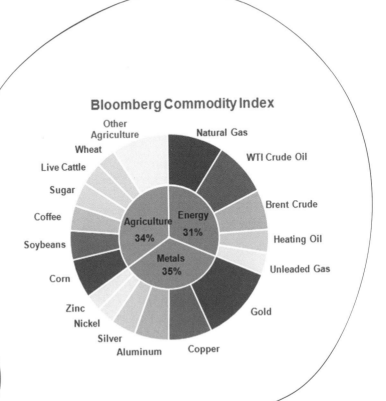

22개 원자재 수익률을 집계하는 블룸버그 상품 인덱스.

상품 인덱스 펀드가 나오면서 곡물 가격이 비정상적으로 오르는 현상이 빈발하고 있다.

는 이야기다. 프로 투자가는 정확한 예상으로 시장에서 수익을 올려야 한다. 기상 그래프를 면밀히 분석하고, 다른 누구보다 더 정확히 미래를 예측해, 값이 오를 것이라는 판단이 서면 미리 낮은 가격에 사둔다. 그런 다음 훗날 매수자가 몰려 선물 가격이 올랐을 때 팔아치움으로써 수익을 남기는 것이다.

그들은 우리의 일상에 반드시 필요한 곡물을 거래하면서 차액을 남기기 위해, 다시 말해 돈을 벌기 위해 매수와 매도를 반복한다. 시장은 이런 사람들이 존재하기 때문에 균형이 유지되는 것이다. 어쩌면 모두가 예상하는 방향과 반대되는 결과를 예상해 돈을 거는 투기심 있는 프로 투자가가 있기 때문에 선물거래가 성립된다고 할 수 있다.

그러나 여기서 우리가 주목해야 할 게 있다. 커모디티 인덱스 펀드에는 여느 선물거래와는 전혀 다른 차원의 의미가 있다는 것이다. 사실 이 금융상품에 자금을 투입하는 사람들은 오로지 값이 오르기만 바란다. 곡물을 구매하는 사람이 어떤 피해를 입든 말든 전혀 개의치 않는다. 좀 더 많은 자금을 투입하여 시세를 끌어올리려고 할 뿐이다. 밀 가격이 올라 자신이 사먹는 빵 가격이 올라도 신경 쓰지 않는다. 실제로 밀을 먹고 살아야는 사람이 힘들든 말든.

"

인덱스 펀드가 곡물 시장을
엉망진창으로 만들어놨다.
돈을 벌기 위해 매수와 매도를
반복하면서 값을 올렸다.
곡물을 구매하는 사람,
곡물을 먹고 사는 사람이 피해를
입든 말든 개의치 않는다.
돈만 된다면.....

"

먹고 싶어도 먹을 수 없다

이처럼 본말이 뒤바뀐 상황이 수시로 휘몰아치고 있다. 하지만 경제의 글로벌화가 이런 식으로 흘러가는 건 곤란하다. 글로벌화의 바람직한 방향은 선진국 국민뿐 아니라 지구촌 모든 사람들이 평등하게 풍요를 누릴 기회를 갖도록 해야 하는 것이 아닌가. 당연히 '먹을거리의 글로벌화'는 세계 곳곳의 사람이 골고루 풍요롭게 먹는 시대를 만드는 일이다.

그동안 세계는 어떤 측면에서는 이런 이상을 목표로 달려왔다고 볼 수 있다. 발전도상국 사람들이 특히 그랬다. 그들은 지금까지 자국에서 수확한 먹을거리를 선진국으로 수출해왔다. 이제 상황이 호전돼 그들도 자신이 수확한 것을 먹을 수 있게 되었다. 다른 국가에서 생산된, 즉 글로벌 시장에 나온 먹을거리를 사 먹는다. 전 세계가 연결되면서 과거보다는 분명 먹을거리를 풍요롭게 누릴 수 있게 되었다.

그러나 곡물시장이 '머니자본주의화'하면서 당초의 이상은 뒤틀리고 본말이 전도되는 사태가 발생하게 된 것이다.

어느 나라든 마음껏 먹을 수 있는 사람은 그리 많지 않다. 글로벌 경제에 최근 가세한 신흥국은 물론이고 선진국 사정도 크게 다르지 않다. 소고기를 당연히 먹어온 사람도 언젠가부터 마음 편하게 먹을 수 없게 되었다. 슈퍼마켓에 진열되는 소고기 가격이 갑자기 올랐기 때문이다. 게다가 머니자본주의의 혜택을 누리던 사람들이 돌연 직장을 잃고 노숙자로 전락하는 일도 심심찮게 생겼기 때문이다.

어쩌면 우리가 사는 세상은 소설가 아쿠타가와 류노스케가 그린 <거미줄>의 세계와 같다. 수많은 사람들이 풍요를 찾아 거미줄에 매달려 치열하게 경쟁을 한다. 서로 때리고 밀치며 위로, 위로 올라가려고만 한다. 그러나 결국 일부만 거미줄 끝까지 오르고 많은 사람은 아래로 떨어진다.

지금 이 세계를 살아가는 사람에게 풍요를 제공해야 할 글로벌리즘은 이렇듯 정반대의 길로 가고 있다.

소고기를 먹을 수 없게 되는 날

이번 취재를 통해 우리는 머니자본주의의 총본산인 미국 뉴욕의 거리에서 충격을 받았다. 리먼 쇼크의 아픔을 딛고 재기에 성공한 미국은 호경기를 과시하려는 듯 크리스마스 장식으로 휘황찬란하게 빛나고 있었으나 그 이면은 달랐다. 수많은 사람들이 교회에서 제공하는 무료 배식으로 근근이 살아가고 있었다. 거리 한 쪽의 무료 배식차 앞에는 긴 행렬이 이어졌다. 교회 안은 목욕을 제대로 못한 사람들이 모여 있어서 그런지 악취가 감돌았다. 그들은 고기가 조금 들어간 저녁식사를 받아들고 조용히 먹었다. 크리스마스를 며칠 앞둔 밤, 고급 레스토랑에서 가족 단위로 한 접시에 1만 엔(11만4000원)이 넘는 스테이크를 먹는 바로 그 뉴욕에서 말이다.

이런 사태는 연쇄적으로, 점점 더 심각하게 번지고 있었다. 과연 그 끝에는 무엇이 기다리고 있을까? 정말 소고기덮밥을 먹을 수 없는 날이 오는 것일까? 결코 겁을 주는 것도, 현실과 동떨어진 가상의 이야기를 하는 게 아니다.

이쯤에서 이 책이 어떤 방향으로 흘러갈 것인지 미리 개관해보려고 한다. 먼저 소고기덮밥의 가격이 오르게 된 계기, 즉 중국에서 거세게 일고 있는, 그야말로 '차원이 다른' 폭식의 실태를 살펴볼 것이다. 최근 중국에서는 경제성장에 힘입어 먹을거리의 서구화가 급속도로 이뤄지고 있다. 나아가 소고기로 돈을 벌려는 사람들이 급증하면서 해안 지역뿐 아니라 내륙 도시에서도 소고기 열풍이 불고 있다. 그 열풍이 다시 소고기 수입을 부추기는 현실도 살펴볼 것이다.

1년에 6000만 톤이나 소비되는데도 소고기가 부족하고, 그 바람에 다른 부작용이 연쇄적으로 초래되고 있다. 이런 상황이 소고기 소비량의 60퍼센트를 수입에 의존하는 일본에 직접적으로 어떤 영향을 미치는지도 구조적으로 살펴볼 것이다.

취재가 진행되면서 이 같은 연쇄 현상은 '다른 식육'으로까지 파급되고 있었다. 실로 걱정스럽지 않을 수 없다.

글로벌 자본주의의 현실

소를 비롯한 가축들의 먹이로 쓰이는 곡물의 시장 판도가 전 세계적으로 변하고 있다. 그중에서도 중국에서 급격히 수입량을 늘리고 있는 콩의 세계지도는 완전히 다시 그려야 할 판이다.

세계 제일의 식품 수입국이던 일본의 존재감은 이제 중국의 등장으로 크게 위축되었다. 뿐만 아니라 세계 제일의 식품 수출국으로 군림해온 미국의 모습까지도 바꿔놓기 시작했다. 미국은 세계 제일의 콩 수출국이었지만 남미에 그 지위를 내어주게 되었다. 미국의 곡물회사가 독점적으로 쥐고 흔들던 가격 협상 주도권도 잃어버렸다.

그렇다면 식육과 곡물 쟁탈전 뒤에서 꿈틀거리는 돈의 정체는 뭘까? 이를 파악하기 위해서는 2008년 리먼 쇼크 이후 벌어진 돈의 질적 변화부터 알아야 한다. 그때부터 의식주 중 '식食' 다시 말해 먹을거리를 집어삼키려는 돈의 움직임이 눈에 띄게 달라졌다. 이윤을 얻기 위해서라면 무슨 짓이든 해오던 머니자본주의가 그 무서운 이빨을 드러내면서 먹을거리의 가격 폭등에까지 부채질을 하고 있는 것이다. 그 결과 세상은 '배불러서 더 이상 먹지 못하는 사람'과 '아예 먹을 수 없는 사람'으로 나뉘는 양극화가 진행되고 있다.

우리는 10년 가까이 다양한 방식으로 지속해온 취재 과정을 되돌아보면서 지금의 세계가 역사의 어느 지점에 해당하는지 확인하고 싶었다. 원유에서 금속, 나아가 곡물에 이르기까지 온갖 것을 돈벌이 타깃으로 삼아온 머니게임의 역사에서 말이다. 세계대전 이후 미국이 주도해온 '먹을거리에 의한 세계지배'는 경제가 글로벌화하면서 한계에 이르렀기 때문이다. 게다가 지금까지 경험하지 못한 식량 부족 사태가 벌어지게 되었기 때문이다.

머니경제는 세계인들의 욕망을 채워주고, 필요한 돈을 충분히 공급하는, 그야말로 돈으로 돈을 만드는 구조다. 그런 구조 속에서 이 세계는 '문어가 제 다리를 뜯어먹는' 상황으로 맹렬히 내달리고 있다.

인간이 만든 괴물에게서 도망치려는 사람들이 시작한 새로운 경제 구조와 실천 방안은 책 말미에 소개할 예정이다. 세계에서 가장 빨리 고령화가 진행되는 '과제 선진국' 일본에서 시작된 '산촌 자본주의(머니자본주의 의미와 대립되는 용어—역주)'가 그것이다.

우리는 지금 어디에 있는가? 앞으로 어디를 향해 나아갈 것인가? 글로벌 자본주의의 현실을 외면하지 말고 두 눈 부릅뜨고 주시하는 것, 그것이야말로 이 시대를 살아가는 사람들이 해야 할 일이 아닐까.

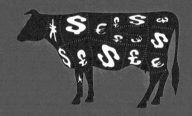

제 2 장

중국이 먹기 시작했다

막강한 일본상사 기습당하다

2014년 11월 어느 날. 일본 굴지의 상사인 '후타니치 식료'의 소고기 수입 책임자가 머리를 싸매고 있었다. 후타니치 식료는 일본 전체 소고기 수입량의 약 10퍼센트를 해외에서 들여오는 막강 상사다.

이곳에서 소고기 수입을 총괄 지휘하는 이케모토 도시노리 부장은 30대의 젊은 나이다. 이 길에 들어선 지 10년이 넘은 꽤 유명한 베테랑이다. 솔직히 첫인상이 거물처럼 보이지는 않았다. 젊은 여성에게 꽤나 인기 있을 것 같은 남자 보컬리스트 풍모여서 뭔가를 고민하는데도 그리 심각해 보이지 않았다.

그러나 이케모토 부장을 통해 우리가 목격한 것은 이 바닥에서 경험하지 못했던 심각한 '이상사태'였다. 일본의 거물 상사가 연거푸 소고기를 구매하지 못하는 초유의 사태가 벌어지고 있었던 것이다. 여느 때 같으면 당연히 일본이 수입했어야 할 소고기가 중국으로 팔려간 것이다. 이게 다 가격 경쟁에서 밀렸기 때문이다.

　와이셔츠 차림의 사무원들은 바삐 어디론가 전화를 걸고 있었다. 어떤 직원은 포르투갈어인지 스페인어인지 알 수 없는 라틴어를 속사포처럼 쏟아내며 협상 중이다. 그 와중에 이케모토 부장도 수화기를 들었다.

"(주문한 소고기 확보가) 전부 안 됐어? 진짜야?"

　상대와 가볍게 주고받는 듯한 대화 내용이 알고 보니 매우 심각한 것이었다. 후타니치는 꽤 오래 전에 컨테이너 70대 분량의 소고기를 구입하겠다고 미리 주문해 놓은 상황이었다. 그런데 20개 밖에 줄 수 없다는 매정한 답이 돌아온 것이다. 전화를 끊은 이케모토 부장은 잠시 망연자실하더니 곧 정신을 차리고 우리 취재진에게 말했다.

"(고기를 확보하려는) 상황이 나날이 악화되어 갑니다."

　지금까지 미국의 유력한 식육 가공업자와 돈독하게 쌓아온 관계마저 순식간에 깨졌다. '미스터 소고기'로 통하는 이케모토 부장의 자존심을 구기는 협상 실패가 계속 일어나고 있는 것이다.

　이케모토 부장이 필사적으로 구하려는 소고기는 업계 전문용어로 쇼트 플레이트^{Short Plate}다. 일본인이면 누구나 먹어봤을 대중적인 소고기다. 대형 소고기덮밥 체인점인 '요시노야'도 이 고기를 사용한다. 편의점에서 판매되는 미국산 안심 역시 이 고기다.

　이 부위는 값이 싸고 맛과 식감이 좋아 삼박자를 두루 갖춘 고기여서 가격 협상이 매우 힘들다. 그럼에도 불구하고 가능한 한 낮은 가격에 수입하지 못하면 서민들이 즐겨 먹는 소고기덮밥을 제공할 방법이 없어지는 거다.

　물론 중국이 제시한 가격보다 조금 높게 주면 얼마든지 사올 수 있다. 하지만 그런 거래 방식에 일단 응하게 되면, 지금까지 차곡차곡 쌓아올린 비즈니스 모델이 무너지고 만다. 중국은 그런 일본의 속내를 환히 꿰뚫고 있는지 일본보다 조금 더 비싼 가격을 제시한다.

'미스터 소고기'의 뚝심

'미스터 소고기'의 사무실에서는 쇼트 플레이트를 둘러싼 신경전이, 그야말로 전쟁 같은 나날이 이어지고 있었다. 직원들은 경쾌한 말투로 누군가와 쉬지 않고 전화 통화를 해댄다. 이케모토 부장은 쇼트 플레이트의 판매처 중 하나인 소고기 가공업체 담당자를 회의실에서 맞이했다. 인사를 나눈 뒤 그는 서둘러 본론으로 들어간다.

"이번에 의뢰한 2, 3월 주문 건은 중국이 싹 쓸어갔습니다. 그 바람에 공급량이 충분치 않아서 드릴 수 있는 게 전혀 없습니다."

그러고는 결국 가격을 인상할 수밖에 없다는 이야기를 꺼내면서 전자계산기로 1155엔을 찍어 보였다. 반년 전 쇼트 플레이트의 도매가는 킬로그램당 760엔이었다. 반년 만에 무려 50퍼센트가 상승한 것이다.

소고기 가공업자가 그 자리에서 반응한다.

"너무 많이 올랐군요."

그의 얼굴에서 쓴웃음이 스쳤다.

저렴한 소고기 안심 쇼트 플레이트 덕에 그동안 소비자는 편의점 도시락도 만족스럽게 먹을 수 있었다. 하지만 소고기가 비싸지면 도저히 성립될 수 없는 이야기가 되어버린다.

소고기 가공업자가 심각한 얼굴로 말문을 열었다.

"가장 걱정이 되는 것은 제품의 가격 인상입니다. 불가피하거든요. 가격 인상 부담을 소비자에게 전가하면 과연 어떤 반응이 올지……."

이케모토 부장이 "이렇게까지 오르리라고는 저희도 예상하지 못했습니다"라며 맞장구를 치자 가공업자가 다시 말을 잇는다.

"그렇다고 물건을 안 살 수도 없어요. 앞으로 고객과 힘든 교섭을 하게 되겠지만 대화로 잘 풀어가야 합니다."

뜨거운 비즈니스 현장에서 오가는 대화를 듣고 있자니, 소고기 덮밥을 먹을 수 없는 날이 바짝 다가온 것 같아 두려워졌다.

우리는 회의실을 나서는 식육 가공업체 담당자에게 소고기 가격 인상에 대한 소감을 물었다.

그 담당자의 말에 우리는 반신반의하던 이상사태가 노골적으로 진행되고 있다는 것을 비로소 실감할 수 있었다.

"다른 나라와의 가격경쟁에 밀려 소고기를 수입하지 못할 수도 있거든요. 그렇게 되면 일반 소비자에게 충분한 양을 제공할 수 없는 날이 오게 되는 건 아닌지 정말 두렵습니다."

나중에야 우리는 후타니치 식료가 해외 소고기 판매업자로부터 지금보다 훨씬 높은 가격을 제의받았다는 사실을 알았다. 그 가격을 이케모토 부장이 진두지휘하는 소고기 수입팀이 각고의 노력 끝에 조정한 것이다.

이케모토 부장은 지금보다 가격이 낮을 때 선물거래로 사둔 소고기까지 포함시켜 가중평균^{加重平均}을 냄으로써 가격 인상폭을 조금이라도 억제하려고 했다. 그랬음에도 불구하고 반년 전 가격보다 50퍼센트나 인상된 가격이 제시될 수밖에 없었던 것이다. 상사나 유통업자가 여러 단계에서 설정해 놓은 충격완화 조치가 급등하는 소고기 쟁탈전의 충격을 그나마 완화시키고 있었다.

상사 담당자의 노력 덕분에 일본 소비자는 먼 데서 몰려오는 큰 파도를 직접 온몸으로 맞지 않을 수 있었다. '그러고 보니 소고기덮밥 값이 조금 올랐네' 하는 느낌만 들었을 정도로 충격을 완화한 것이다.

2014년 소고기덮밥 체인점 '요시노야'가 주력 상품인 소고기덮밥의 곱빼기 가격을 반년 만에 두 차례나 수십 엔씩 인상한 것도 이런 속사정과 관련이 있었던 것일까? 우리는 소고기를 수입하는 무대 뒤편에서 이뤄지는 교섭 과정을 비롯해 냉혹한 현장을 보게 될 것이다.

그렇다면 가격 인상을 자초하면서까지 중국이 소고기를 사들이는 이유는 무엇일까? 지금 중국에서는 어떤 변화가 일어나고 있는 것일까? 우리는 중국의 수도 베이징으로 날아갔다.

중국은 지금 소고기 열풍

2014년 11월의 어느 날 베이징. 그날도 평소와 다름없이 베이징은 짙은 스모그에 갇혀 있었다. 바로 눈앞에서 달리는 차도 잘 보이지 않을 만큼 최악의 스모그였다. 우울한 마음으로 세계식품박람회장에 들어선 우리를 맞이한 것은 여성들로 구성된 클래식 연주단이었다. 연주곡은 우리가 익히 알고 있는 왈츠 <아름답고 푸른 도나우 강>이었다. 클래식 선곡이 너무도 중국다웠다. 1990년대에 취재차 중국을 방문했을 때, 베이징 번화가에 등장한 스테이크 하우스에서 흐르던 클래식 음악은 <장송행진곡>이었던 것과 비교하면 훨씬 나아졌다.

사방 수백 미터에 이르는 거대한 식품박람회장은 사람들로 발

디딜 틈이 없었다. 인구 13억 국가에서 개최하는 식품박람회다웠다. 이 행사에는 이탈리아, 프랑스, 독일, 영국, 뉴질랜드, 오스트레일리아 등 26개국에서 500개 회사가 참가했다.

행사장 한 곳에서는 오스트레일리아산 스테이크용 소고기가 뜨겁게 달궈진 철판 위에 놓여졌다. 소고기는 지글지글 맛있는 소리를 내며 냄새를 피워 올렸고 사람들의 식욕을 자극했다. 순식간에 철판 주변으로 사람들이 몰려들었다. 시식용 소고기를 맛보기 위해서다.

"하오치!"

여기저기서 맛있다는 말이 절로 나온다.

행사장을 가득 메운 사람들은 중국 각지에서 모인 구매자들이다. 그 중 카오샤오칭高紹清 씨가 있었다. 백팩을 메고 안경을 쓴 작은 몸집의 이 40대 여성은 내륙 지방인 산시성 타이위안시에서 왔다고 한다.

그녀는 뒤꿈치를 한껏 치켜들고 많은 사람들이 모여 있는 부스를 들여다보다 인파를 헤집고 들어갔다. 그녀는 능숙하지 않은 영어로 이내 협상을 시작했다. 오스트레일리아 산지의 소고기를 지금 당장이라도 수입할 수 있는지 묻는다. 활력이 넘치는 여성이었다. 우리가 밀착 취재를 하고 싶다고 말하자 그녀는 두 말 않고 승낙해주었다.

우리는 카오샤오칭 씨의 왜건을 타고 내륙의 지방도시로 향했다. 베이징에서 서쪽으로 500킬로미터쯤 떨어진 산시성 성도^{城都}타이위안(인구 약 260만 명)시다. 마을에 들어서자 시끄러운 자동차 경적 소리가 여기저기서 들린다. 거리에는 큼지막한 붉은 글씨로 '烟酒(담배와 술)'라고 써놓은 옛날식 음식점이 늘어서 있다.

차 안에서 우리는 카오샤오칭 씨에게 매출이 어느 정도인지 물었다. 그 대답은 놀랄 만한 액수였다.

"식육 수입에 뛰어든 지 얼마 되지 않아 아직 익숙하지 않지만, 그래도 이전에 했던 사업보다 더 잘 벌어요."

그녀는 원래 유럽에서 화학제품을 수입하다가 2년 전 생소한 소고기 수입 분야로 발을 들여놓았다고 한다. 연매출은 3억 엔(34억 원)으로 전년도 매출을 이미 훌쩍 뛰어넘었다고 했다.

카오샤오칭 씨와 함께 우리는 타이위안의 밤거리를 돌아봤다. 그녀가 어느 가게로 들어섰다. 얼핏 보기에도 옛날식 중화요리점인데 테이블 몇 개에 손님들이 앉아 있었다. 몸집이 작은 그녀가 테이블과 사람들 사이를 요리조리 피해 식당 안쪽으로 들어갔다.

우리도 안쪽으로 따라 들어가면서 손님들이 어떤 음식을 먹는지 주의 깊게 살폈다. 최근 인기리에 팔리는 요리는 소고기볶음이라고 했다. 쇼트 플레이트에 해당하는 소고기 안심에 양파 같은 야채를 섞어 볶아낸 이른바 소고기 야채볶음이다. 아닌 게 아니라 식당 이곳저곳에서 소고기 야채볶음을 주문하는 모습이 보였다. 한 남자가 볶은 소고기를 입 안 가득 우겨 넣는다. 젊은 남녀 커플도 소고기 야채볶음을 주문한다. 몇 년 전까지만 해도 거의 볼 수 없었던 광경이다.

사실 중국 내륙 지방의 중화요리점에서는 수백 년 아니 수천 년 동안 식육으로 돼지고기나 닭고기만 이용했다. 중국 북부에서는 양고기를 쓰기도 하지만 소고기는 식육으로 거의 먹지 않았다는 얘기다. 질긴 식감 때문에 기껏해야 면 요리의 국물맛을 내는 용도로나 사용했다. 따라서 고기값도 돼지고기, 닭고기 다음이 소고기였다. 그만큼 소고기 인기는 낮았다.

그런데 오랜 세월 이어져온 가격 체계에 최근 역전 현상이 일어났다. 외부에서 유입된 유행과 가치관 변화에 따라 중국인들이 선호하는 식육이 급작스레 소고기→돼지고기→닭고기 순으로 뒤바뀐 것이다. 이제 손님들은 너나 할 것 없이 "소고기 야채볶음이

소보다 돼지, 돼지보다 닭.
중국인들은 전통적으로 소고기보다
돼지고기나 닭고기를 더 선호했다.
최근 소고기 수입업자가 늘면서
소의 선호도가 부쩍 높아졌다.

요!"라고 외친다. 이런 열띤 주문에 소고기 값은 자꾸 올라서 지금은 1접시에 800엔(9만1000원)이나 될 정도로 꽤 비싸다. 중국 물가를 감안하면 상당한 고가다.

물론 가격 인상이 또 다른 인기 비결이 되기도 한다. 모두가 먹으니 값이 오르고, 그러면 사람들은 더 열광적으로 소고기볶음을 찾는다. 얼마 전까지만 해도 돼지고기가 소고기보다 더 맛있다며 즐겨 먹었지만 지금은 소고기가 더 맛있다고 생각한다. 하기야 수입된 소고기다 보니 육질이 부드럽긴 하다. 옛날에 먹던 것처럼 질기지 않다.

그러나 냉정히 생각해보자. 경쟁하듯이 주문할 정도로 소고기 맛이 단연 최고인 것은 아니다. 돼지고기 야채볶음도 충분히 맛있다. 굳이 비싼 소고기 야채볶음만 앞다퉈 주문할 까닭은 없다. 그런데도 중국에서는 지금 유례를 찾아볼 수 없는 소고기 대유행이 번지고 있다.

소고기 비즈니스는 지금이 딱이다

카오샤오칭 씨는 식당에 소고기를 납품하는 식육 가공업자가 있는 곳으로 우리를 안내했다. 휑한 부지로 들어가 차에서 내리자 그녀는 건물을 손가락으로 가리켰다.

"소고기가 방금 도착했나봐요. 자, 보러 가시죠."

그녀 말처럼 여러 대의 트럭에서 소고기가 우르르 내려지고 있었다. 꽁꽁 언 새하얀 덩어리. 냉동육이 흰 포대에 담겨 쌓여 있다. 그녀는 공장 책임자와 대화를 나누면서 산더미처럼 쌓여있는 소고기를 만족스럽게 바라보고 있었다. 이 소고기가 바로 그녀가 오스트레일리아에서 수입해온 것이다.

이곳 식육 가공공장에서 취급하는 소고기의 양은 최근 급격히 증가했다. 그래서인지 수입업자와 가공업자의 얼굴에서는 웃음이 떠나질 않는다. 가공공장의 사장은 그녀를 가리키며 우리에게 말했다.

"우리는 윈윈하는 관계죠. 같이 돈을 벌고 있습니다."

카오샤오칭 씨는 우리 취재팀을 가공공장 안으로 안내했다. 공장 안쪽에는 큰 고깃덩이가 잔뜩 있었다. 한 마리분의 지육(머리, 내장, 족^足을 잘라낸 뒤 각은 뜨지 않은 고기)을 4분의 1로 잘라서 수입한 것이다. 이곳에서는 수십 명에 이르는 작업자가 소고기를 해체하고 있었다. 부위별로 적당하게 나눈 고기가 작업장 한가운데에 설치된 컨베이어벨트 위로 무작위로 던져진다.

우리는 카오샤오칭 씨와 가공업자의 대화에 귀를 기울였다. 소고기 유행이 뜨겁게 번지고 있는 현실이 그들의 대화에서도 그대로 전해졌다.

"중국의 어린이가 30년 뒤에는 어른이 됩니다. 소고기를 즐겨 먹는 사람들이 어른이 되기 때문에 이 업계의 호황은 장기간 이어질 겁니다."

"맞아요, 적어도 10년은 끄떡없을 거예요."

"소고기 사업은 지금이 기회죠. 물량으로 승부할 때가 왔어요. 우리는 풍부한 자금으로 가공공장을 더 확장할 생각입니다. 앞으로 산시성에 공장을 30~40개쯤 더 늘릴 계획입니다. 하루 생산량 500톤을 목표로 하고 있습니다."

"하루 500톤이요?"

"네. 지금 200톤을 처리하고 있으니까 가공공장을 늘리면 500톤도 너끈히 가능합니다."

가공공장을 운영하는 이 회사는 원래 수입 무역상이었다. 주로 이슬람 국가를 상대로 무역을 해왔다. 하지만 최근 몇 년간 이슬람 국가 간의 전쟁으로 사업에 지장이 생기자 결국 직종을 바꿨다. 3년 전부터 해외에서 소고기를 수입해오고 있다.

"오스트레일리아산 소고기는 중국에서는 그다지 인기가 없었어요. 그런데 요즘은 공급 부족을 겪을 정도여서 수입에 박차를 가하고 있습니다."

카오샤오칭 씨와 가공공장 사장은 그 배경을 이렇게 설명했다. 최근 시진핑 국가주석이 오스트레일리아를 방문해 FTA(자유무역협정)에 조인하면서 관세가 붙지 않게 됐다는 것이다. 그 바람에 소고기 열풍을 더욱 부추기게 됐다고 한다.

이제 학교에서도 먹는 소고기

그들은 우리에게 흥미로운 사실을 한 가지 알려주었다. 중국 학교에 도입된 급식제도가 산시성의 식문화를 한층 빠른 속도로 바꾸고 있다는 것이다. 가공공장 사장이 카오샤오칭 씨에게 이렇게 설명했다.

"학교 급식이 장차 큰 소비 포인트가 될 겁니다. 유치원에서부터 초등학교에 이르기까지 모든 학교가 급식제도를 도입하지요. 우리 딸아이도 기숙사 학교에 다니고 있는데, 학교에서 급식을 하고 있습니다."

급식제도는 대도시 학교를 중심으로 도입되었는데 지금은 지방도시에까지 널리 확산되었다고 한다. 특히 부모가 바쁜 외자식

학생들은 거의 학교에서 급식생활을 한다. 유치원에서도 원아를 유치하는 경쟁이 치열한데, 이때 급식으로 아이에게 어떤 음식을 먹이는가가 선택에 결정적인 열쇠가 된다.

카오샤오칭 씨는 "우유, 유제품, 그리고 스테이크"라고 말했다.

"맞아요. 소고기에 약간의 야채를 추가하면 그뿐이죠. 이 정도의 급식이라면 그리 비용을 들이지 않아도 되고, 아이들도 좋아하니까 할 만 하죠."

어른뿐 아니라 어린 유치원생까지도 소고기를 즐기는 시대가 된 것이다. 중국에서는 이 같은 복합적인 요소가 얽히고설키면서 과거와는 차원이 다른 폭식이 이뤄지고 있다. 결과적으로 중국의 소고기 소비를 급속도로 확대시키고 있는 것이다.

음식 기호와 비즈니스 변화, 아이들의 학교 급식화……. 이 같은 여러 요인들이 중국의 내륙 지방에서 불고 있는 소고기 유행을 가속화시키고 있다. 이런 변화를 기회 삼아 소고기 유행에 풀무질을 하는 이들도 늘고 있다. 무서운 생명력을 지닌 장사꾼들 때문에 소고기 협주곡은 한동안 멈추지 않을 것이다.

스테이크 하우스는 문전성시

카오샤오칭 씨는 얼마 전 문을 연 스테이크 하우스로 우리를 안내했다. 스테이크 하우스에서는 카오샤오칭 씨가 수입한 소고기로 장사를 하고 있었다. 마침 산시성은 소고기 산업을 차기 중추산업으로 성장시키기 위해 소비 붐을 유도하고 있었다. 덕분에 이곳에서는 와인과 함께 본격적인 전통 서양식 스테이크를 먹을 수 있다. 타이위안에서는 거의 찾아볼 수 없는 스테이크 하우스다.

스테이크의 대명사로 불리는 부위는 등심이다. 그러나 등심은 중화요리에서는 지금껏 국거리용으로 사용해온 부위에 지나지 않았다. 그랬던 것이 서양식 스테이크 하우스에서는 왕 대접을 받는다. 결과는 이제 중국인들의 입맛이 등심의 맛과 조리법을 받아들이는가의 여부에 달려 있다.

스테이크 하우스의 젊은 사장이 카오샤오칭 씨와 테이블에 앉았다. 멋진 스웨터에 목에는 검은색 스톨이 감겨 있다. 그는 선물시장에서 돈을 번 유명 투자가의 아들이라고 한다. 흔히 우리가 말하는 금수저로 부잣집 도련님이다. 그가 레드와인을 잔에 따른 뒤 카오샤오칭 씨에게 건배를 청한다.

"우리의 미래를 위해 건배합시다."

와인 잔이 부딪히는 소리가 의외로 고급스럽다. 유럽에 화학제품을 팔았던 카오샤오칭 씨도, 젊은 사장의 테이블 매너도 꽤 기품 있다. 카오샤오칭 씨가 젊은 사장에게 말했다.

"당신은 아직 젊으니 이런 멋진 가치관을 많이 받아들이세요."

젊은 사장이 답한다.

"저도 행복한 라이프 스타일을 산시성 사람들에게 널리 전파하고 싶습니다."

이 젊은 사장 역시 의욕적으로 사업을 확장하려는 계획을 갖고 있다. 내년에는 10개, 최종적으로는 30개의 점포까지 확장하는 게 목표다. 현재 스테이크 하우스에 관심 있는 사람들이 많아서 곧 4~5개의 점포를 한꺼번에 오픈할 예정이라고 한다.

그들이 다른 수입업자의 이야기를 화제에 올렸다. 그는 광저우에 있는 호텔 레스토랑의 셰프로, 지금은 베이징에 있다고 한다. 유럽에서 피자나 스파게티의 식재료, 네덜란드의 커피, 뉴질랜드의 해산물, 오스트레일리아의 소고기를 전부 직접 수입한다고 한다. 3, 4개월 전에는 선전深圳에 진출해 규모가 300제곱미터(약 90

중국은 지금 스테이크 열풍 중

중국에서는 상대적으로 낙후된 내륙지역에까지
스테이크 하우스가 우후죽순으로 늘고 있다.
왜곡된 공급이 비정상적인
수요를 창출하는 사례다.

평)나 되는 양식 레스토랑을 열었다고 한다. 이 젊은 사장은 기세 등등하게 말했다.

"식재료를 수입하는 사업에도 좀 더 적극적으로 나서고 싶습니다."

와인 수입은 아버지 때에 이미 토대를 다진 사업이고, 최근에는 프랑스에서 생굴을 수입하기 시작했다고 한다. 오스트레일리아산의 쌉쌀한 화이트와인을 항공편으로 가져와 맛을 조화시키고 신선도도 높이고 있다.

비즈니스 기회는 언제든 있다

이 레스토랑의 수프 맛은 일품이었다. 입에 넣자마자 진한 우유 맛이 고소하게 느껴진다.

"우유 수입처도 모색 중입니다."

젊은 사장은 말한다. 최근 관심을 갖고 있는 것은 유통기한이 6~9개월인 우크라이나산과 영국산이다. 이곳의 우유는 '초원의 맛'이 고소하게 느껴진다고 한다.

"독자적인 상품을 개발해서 레스토랑은 물론 동네 슈퍼마켓으로까지 연결하는 비즈니스 모델을 구상 중입니다."

이미 수백 번의 이벤트도 열었고 중국 방송사의 예능 프로그램에 출연한 셰프와도 교류가 있다고 한다.

테이블에 감자요리가 나오자 카오샤오칭 씨가 묻는다.

"어디 감자인가요? 거래처 중에 감자를 취급하는 업자가 있어서요."

"이건 스페인산입니다. 사실 이곳 산시성에서 생산된 감자 맛도 일품이지요."

카오샤오칭 씨도 산시성에서 생산된 브로콜리의 품질이 좋아 판로를 물색 중이라고 말한 적이 있었다.

그녀는 비즈니스 기회가 주변에 얼마든지 널려 있다고 말한다. 식품의 세계로 들어온 이상, 해외에서 수입만 해오는 것이 아니라 수출도 하자, 돈이 되는 일이라면 뭐든 하자고 생각하는 것 같았다. 마침내 뜨겁게 달궈진 철판 위에 잘 구워진 스테이크가 나왔다.

"자, 식기 전에 드세요."

사장이 재촉했다.

스테이크를 나이프로 잘라 입에 넣으면서 카오샤오칭 씨가 말문을 열었다.

"미국인은 스테이크를 전부 자른 뒤에 먹는 걸 좋아하지요. 영국인은 한 입 먹고 난 뒤에 다음에 먹을 것을 자르고요."

사장이 말한다.

"소고기를 어떻게 조리하는가, 어떤 식으로 스테이크를 자르는가, 그것에 따라 어떻게 구울지가 정해집니다."

이 얼마나 세세한 관심인가. 열정적인 사업가 정신이 아닐 수 없다. 그들은 말한다.

"비즈니스 환경이 좋지 않다고 말할 때가 아닙니다. 비록 나쁘더라도 수동적인 태도를 벗어던지고 주도권을 잡아야 합니다."

중국의 획기적인 식량정책

우리는 돌아오는 차에서 카오샤오칭 씨에게 물었다.

"일본에 가야 할 소고기까지 전부 중국인이 사들이는 건 아닌가요? 혹시 이렇게 생각해본 적이 있습니까?"

그녀는 아무렇지 않은 듯 이렇게 말했다.

"그렇다면 산시성에서 사가면 되겠네요. 여기는 소고기라면 얼마든지 있으니까요."

어느 날 갑자기 나타난 소고기 구매자, 소고기 가공업자, 그리고 스테이크 하우스 사장……. 그들의 기세는 이처럼 하늘을 찌를 듯했다.

이런 광경을 직접 눈으로 보면서 한 가지 의문이 커져 갔다. 어째서 이 같은 추세가 가속화되는 것일까? 이들의 그칠 줄 모르는 사업 의욕을 부추기는 무언가가 있는 것은 아닐까?

과연 중국인들은 소고기를 얼마나 먹어치우고 있을까? 미국 농무부의 통계를 보면 2000년 이후 중국에서의 소고기 소비가 크게 증가하고 있음을 알 수 있다. 일본의 소비량이 10년 이상 거의 횡보하는 가운데 중국의 소비량은 꾸준히 증가하여 2014년에는 유럽(EU) 전체 소비량과 어깨를 나란히 하게 됐다. 소고기 수입량을 보면 그 추이는 더욱 현저해져 2014년까지 5년간 6배나 증가한다. 2013년에는 마침내 중국이 소고기 수입량에서 일본을 앞질렀다(59쪽 그림 참조).

우리는 취재 도중 중국 정부의 '중대한 결정'을 듣게 되었다. 2014년 1월 중국 정부가 매년 1월에 발표하는 '중앙 1호 문건'이란 지침을 내놓았다. 미국 대통령이 매년 연초에 발표하는 '일반교서'에 해당하는 것이다.

중국식 '일반교서'에서 중국 정부는 자급자족을 기본으로 하는

중국의 최근 소고기 소비량

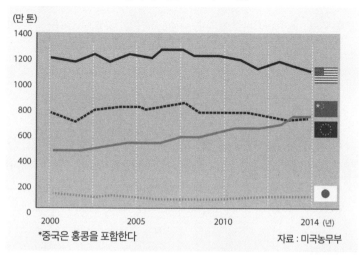

중국의 소고기 소비량은 2014년 유럽과 어깨를 나란히 할 정도로 가파르게 늘고 있다.

중국의 최근 소고기 수입량

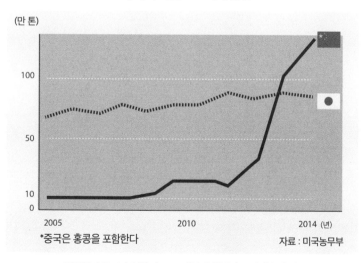

중국의 소고기 수입량이 2013년부터 일본의 소비량을 추월했다.

식량정책을 바꿔 전면적으로 수입을 촉진하겠다고 선언했다.

그 선언은 오바마의 연설처럼 화려하지는 않았다. 국민들에게 내놓은 것은 달랑 종이 한 장이었다. 게다가 그 내용은 너무나도 포괄적이고 거칠다.

그래서 우리는 중국 국무원 관계자를 취재했다. 그 결과 가장 중요한 문장이 무엇인지 알게 되었다. 요약하면, '국제 농작물 시장을 이용하여 국내의 농업 자원을 조달한다'였다.

종이 한 장에 담긴 이 문장 하나로 중국의 13억 인구는 일제히 식품 수입에 관심을 갖게 됐다. 구체적으로 말하면 쌀, 밀 말고는 예외 없이 수입이 가속화되었다. 옥수수는 물론 콩도 수입한다. 지금까지 중국은 엄청난 양의 콩을 수입해왔는데도, 최근 몇 년간 엄청난 속도로 수입량을 늘리고 있다.

"

중국의 소고기 소비량은
유럽 전체 소비량과
어깨를 나란히 한다.
소고기 수입량은 2010~2014년 사이에
6배나 증가했다.
중국은 또 세계의
돼지고기 절반을 먹어치운다.

"

수입 금지된 미국산 소고기의 상륙

중국은 세계의 돼지고기 절반을 먹어치운다. 경제 발전 덕에 세계 최대의 돼지고기 소비국이 된 것이다. 2013년 5월에는 미국 최대의 돼지고기 가공회사 스미스필드 푸드^{Smithfield Foods}가 약 47억 달러에 중국 기업에 넘어갔다.

이 같은 상황은 소고기에도 영향을 미치지 않을까? 중국 국무원의 발전연구센터 부소장인 청궈치앙^{程國强} 씨는 말한다.

"중국은 인구가 증가하여 한정된 농지에서 그 수요를 충당할 수 없습니다. 소비에 맞춰 식육 생산을 확대하려면 불가피하게 사료 생산도 늘려야 하지요. 그렇게 되면 중국의 자연환경은 견디지 못할 겁니다."

차원이 다른 폭식 현상이 이어지고 있는 중국의 실상을 여실히 설명해주는 말이 아닐 수 없다.

그런데 중국의 소고기 수입 이면에는 눈에 띄지 않는 존재가 있었다. '미스터 소고기' 이케모토 부장이 소고기 구매에 실패한 그 상황에서도 언급된 적 없는 미국산 소고기가 그것이다.

　미국산 소고기는 광우병으로 불리는 BSE(소해면상뇌증) 때문에 2000년 이후 중국에서 수입 금지되었다. 지금도 그 정책에는 변함이 없다. 그러나 그것은 어디까지나 방침일 뿐 실상은 이와 다르다. 홍콩에서는 미국산 소고기 수입이 허용되고 있기 때문에 홍콩에 적재해뒀다가 중국 본토로 운반하면 전혀 문제될 게 없다. 타이완을 경유하기도 하므로 미국산 소고기가 중국 본토로 들어가는 루트는 여러 가지다.

　이 정보를 입수한 우리는 중국 본토의 도심에 있는 시장을 둘러보기로 했다. 그런데 너무도 쉽게 그 장면을 포착할 수 있었다. 미국 업자 이름이 큼지막하게 적힌 상자에 소고기를 담아 거래하고 있었다.

　"상자만 미국 것이지 내용물은 다른 것일지도 몰라요. 미국산 소고기는 인기가 있거든요."

　중국 비즈니스의 허와 실은 이처럼 복잡하게 얽혀 있어 문외한들은 좀체 분간할 수 없다. 이 같은 속사정을 알게 되자 우리는 미국 농무부의 통계에 나타난 것처럼, 홍콩을 포함한 중국의 소고기 수입량이 급증하고 있는 실상도 이해하게 되었다. 베이징 세계식품박람회에서 미국산 소고기의 모습은 찾아볼 수 없었지만 말이다.

모조리 구입하는 쪽에 팔겠다

지금까지 일본에 소고기를 팔아왔던 수출국은 어떻게 거래국을 손바닥 뒤집듯 쉽게 바꾸게 되었을까? 국가적으로 폭식을 지지하는, 수입을 장려하는 정책이 그 계기였을까? 아니면, 소고기 수입업자들의 과도한 비즈니스 열정 때문이었을까?

취재를 진행하면서 우리는 카오샤오칭 씨 같은 매수 방식이 먹혀든다는 것을 알 수 있었다. 타이위안의 가공공장에서 본 커다란 고깃덩어리에는 높은 가격뿐 아니라 또 다른 비밀이 숨어 있었다.

우리는 중국에 수출량을 점차 확대하고 있는 세계 최대의 소고기 수출국 오스트레일리아로 날아갔다. 오스트레일리아의 식육 가공업자 역시 우리의 취재에 흔쾌히 응해주었다. 식육 가공공장 창고에 들어서자 뼈째 붙은 고깃덩이가 즐비하게 걸려 있었다. 영화 〈록키〉에서 익히 보았던 그 광경이다.

소고기는 크게 네 덩이로 나뉘어져 있었다. 일단 반으로 자른 뒤 다시 둘로 나눠 옮긴다. 중국으로 보낼 수출용이다. 가공공장에서는 일본으로 가는 쇼트 플레이트의 가공작업도 볼 수 있었다. 해당 부위를 잘라내 지방을 제거한 뒤 투명한 봉지에 담는 과정이었다. 소 한 마리에서 나오는 쇼트 플레이트는 대략 10킬로그램 정도다.

일본 상사는 다른 부위를 살 때도 있고 사지 않을 때도 있다. 쇼트 플레이트는 반드시 필요한 부위여서 확실하게 구매하지만 다른 부위의 구매 여부는 불명확하다. 따라서 판매자 입장에서는 쇼트 플레이트 이외의 부위는 팔지 못하고 재고로 떠안게 될 우려가 남는다.

반면 중국은 소고기 전체를 모조리 구입하기 때문에 팔고 남을 위험성이 없다. 그러니 판매업자가 '남는 걸 걱정할 바에야 중국에 팔자'고 결정하는 것은 어쩌면 당연한 일이다. 소고기 가공공장의 담당자도 솔직하게 시인했다.

"중국은 소고기를 통째로 구매하기 때문에 우리로서는 큰 도움이 됩니다. 지금까지 일본에 수출해온 소고기는 앞으로는 중국으로 가게 될 겁니다."

물론 일본 상사들이 이 같은 상황을 모를 리 없다. 그런데도 즉각 방침을 바꾸지 못하는 데는 몇 가지 사정이 있다. 맛과

버릴 게 하나도 없는 소고기

중국은 소고기를 통째로 수입함으로써
선별 수입하는 일본과의 구매경쟁에서
우위를 점하고 있다.

식감, 가격을 철저히 연구하여 내린 '답'이 쇼트 플레이트이기 때문이다. 이를 테면 일본의 소고기 체인점에서는 쇼트 플레이트 이외의 부위는 필요가 없다. 괜히 다른 부위까지 사들였다가는 오히려 난처한 일이 생길 뿐이다. 따라서 무시무시한 라이벌이 등장했다고 해서 그 관행을 간단히 바꿀 수는 없는 노릇이다.

하지만 중국에서는 사정이 다르다. 중국에서는 아주 오랜 옛날부터 고기의 모든 부위를 먹는 식습관이 자리 잡았다. 어떤 부위도 다양한 조리법으로 먹는다. 뼈와 껍질도 어떻게 해서든 먹을 수 있게 요리하기 때문에 다채로운 요리를 자랑할 수 있는 것이다.

게다가 식육을 부위별로 해체하는 비용도 오스트레일리아보다 중국에서 훨씬 싸다. 카오샤오칭 씨가 활동하는 산시성은 임금이 현저히 낮다. 급격한 경제성장으로 임금이 오를 대로 오른 해안 지역과는 다르다. 이 같은 비용 경쟁력이라는 관점에서 보면, 가장 이상적인 조건에서 소고기를 해체하고 있는 셈이다. 경제성장의 흐름에 다소 뒤처진 내륙 지역이 가질 수 있는 강점을 충분히 살리고 있는 셈이다.

그 와중에도 그곳에서는 한 접시에 800엔이나 하는 소고기 볶음을 경쟁하듯 먹는다. 반면 일본은 몇 십 년 동안 디플레이션이 이어져 300엔짜리 소고기덮밥을 먹고 있다. 대체 이런 상황은 어디로 어떻게 흘러가게 될까?

제**3**장

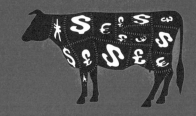

소고기가 뛰면 양고기도 뛴다

스스키노에서
알아챈 이변

우리가 세계 식량 전쟁터 곳곳을 취재하기 시작한 것은 NHK 삿포로의 한 디렉터가 감지한 어떤 낌새 때문이었다. 그것은 아이로니컬하게도 소고기가 아니라 양고기에 관한 것이었다.

삿포로의 번화가에 있는 '스스키노'는 서민 음식인 '칭기즈칸'으로 유명하다. 몽골 영웅 칭기즈칸의 갑옷 같은 둥그런 철판 위에 양고기와 숙주 등 다양한 야채를 구워 양념장에 찍어먹는 요리다. 최근에는 생고기 램(새끼 양)을 굽는 가게가 특히 인기를 끌고 있다.

삿포로의 눈 쌓인 뒷골목을 걷고 있자니 여기저기에 칭기즈칸 전문점이 보였다. '생 양고기'라고 크게 적은 붉은색 노렌(일본의 가게나 건물의 입구에 쳐놓는 발)을 젖히고 가게 안으로 들어서자 양고기 특유의 냄새가 감돌았다. 고기가 지글지글 구워지는 맛있는 소리와 자욱한 연기가 한층 식욕을 돋운다. 소고기에 비해 값도 싸고 맛도 좋다는 입소문을 타서 그런지 삿포로를 찾는 사람들은 양고기를 맛보기 위해 칭기즈칸 전문점에 몰려든다. 나 역시도 그랬다.

그런데 최근 들어 양고기가 싸다는 느낌은 받을 수 없다. 양고기 값이 갑자기 오르기 시작했기 때문이다. 스스키노에서 제공하는 양고기는 주로 뉴질랜드나 오스트레일리아에서 수입해온 것인데, 최근 1년 새 수입가가 무려 30퍼센트나 올랐다.

우리 취재팀도 직접 칭기즈칸 전문식당을 찾았다. 젊은 고객들이 양고기를 둥그런 철판 위에 올려 굽고 있었다. 가게 주인이 우리를 안쪽으로 안내했다. 그리고는 냉장설비가 갖춰진 창고 안으로 들어갔다. 산더미처럼 쌓인 생 양고기 상자에는 오스트레일리아나 뉴질랜드 국기가 인쇄되어 있었다. 점주는 하소연하듯 말했다.

"모든 산지의 양고기 값이 올랐습니다. 좀처럼 값을 내리려 하지 않습니다. 앞으로 어떡해야 좋을지 모르겠습니다."

지금껏 저렴하게 먹어온 서민 음식에도 돌연 이변이 일어나고 있는 것이다.

그런데 다른 고기도 아니고 왜 하필 양고기 값이 오르는 거지?

이 의문을 풀기 위해 세계 각지를 돌며 원인을 파헤쳐 본 결과, 우리는 글로벌 시장 특유의 기묘한 현상이 벌어지고 있다는 것을 알게 되었다. 하나의 당구공이 연쇄적으로 다른 공들을 움직이게 하는 그런 현상이었다.

우리 취재팀은 뉴질랜드의 한 광활한 방목장을 찾았다. 가도 가도 끝없이 이어지는 푸른 목초지가 펼쳐지는 곳이다. 흰 구름 아래 푸른 목초지에서는 무수한 흰 점들이 보였다. 양이었다. 가까이 다가가자 양들은 입을 오물거리면서 우리 취재팀을 물끄러미 바라보았다. 카메라는 양들의 평온한 얼굴을 클로즈업으로 잡았다가 점차 푸른 초원으로 앵글을 돌렸는데, 카메라에 포착된 양은 고작 수 백 마리에 불과했다. 어찌 된 일일까?

사람보다
양이 더 많은 뉴질랜드

뉴질랜드를 처음 방문하는 사람이면 누구나 엄청나게 많은 양에 놀란다. 사람보다 양이 더 많으니 그럴 만도 하다. 그런데 오랜 세월 이어져온 이런 풍경이 최근에 변하고 있다. 간단히 말해 농가들이 양 사육을 포기하고 있는 것이다.

우리는 양 사육을 얼마 전 포기한 농장으로 갔다. 달리는 자동차 차창 밖으로 동물들이 시야에 들어왔다. 그런데 '흰' 동물이 아니라 '희고 검은' 동물이었다. 외길로 난 도로의 양쪽은 소들로 가득했다. 사육 동물을 양에서 소로 바꿔 방목하고 있었던 것이다. 할아버지 대까지 양을 키운 이 목장은 갑자기 소를 사육하게 됐다고 했다.

가까이 가서 보니 양보다 몸집이 두 배는 큰 얼룩소들이 목장에서 풀을 뜯고 있었다. 농장주가 말했다.

"옛날에 우리 목장에는 3000마리의 양이 있었습니다. 어디를 둘러봐도 온통 양이었지요."

그런데 왜 소로 바꿨냐고 그에게 물었다. 그의 대답은 간단했다. 소가 돈이 되기 때문이란다.

목초지에서 배불리 풀을 뜯고 돌아온 소에게서 우유를 짜내는 거대한 착유장으로 우리는 안내되었다. 자동으로 우유를 짜는 기구가 나란히 걸려 있었고 소는 조용히 선 채로 자신의 우유를 내어주고 있었다.

흰 우유가 눈앞에서 탱크로 들어가고 있다. 엄청난 양이다. 이 우유는 중국으로 갈 것이라고 한다. 중국에서 진행되는 음식의 서구화 물결은 소고기에 그치지 않고 유제품으로도 확대되고 있었다.

그러고 보니 중국 지방도시의 고급 스테이크 하우스에서도 우유가 화제에 오른 적이 있었다. 소고기 가공업자는 "학교 급식으로 아이들에게 우유를 제공하는 학교나 유치원이 학부모들에게 인기가 있다"고 말했었다. 지금 선적하는 우유는 중국에 도착하는 즉시 다 팔릴 것이다.

소는 우유 생산이 줄거나 번식을 못하게 되면 식육으로 처분할 수 있어 축산농가들이 선호한다. 일본을 비롯해 전 세계에서도 사정은 비슷하다. 이른바 '유폐우乳廢牛'라는 고기다. 슈퍼마켓에서 최고급 '검은 와규 A5등급'으로 내놓을 수는 없지만 '국내산 소고기'로 표시해 파는 일이 많다. 이처럼 젖소를 키우면 우유뿐 아니라 식육도 생산할 수 있다. 고기와 양모(울)를 파는 양과는 비즈니스 모델이 전혀 다른 것이다.

뉴질랜드에서 중국으로 향하는 유제품과 소고기 수출액은 최근 1년 동안 80퍼센트나 증가했다.

"양과 소의 수익 차이는 현격합니다."

양 사육에서 소 사육으로 업종을 변경한 농장주가 강한 어조로 말했다.

"우리는 90년 전 할아버지 때부터 양을 키웠습니다. 아버지도

"옛날에 우리 목장에는
3000마리의 양이 있었습니다.
어디를 둘러봐도 온통 양이었지요."

"그런데 왜 소로 바꿨지요?"

"에이 참. 소가 돈이 되니까 그렇죠.
소를 키우면 다섯 배 이상
이익이 늘어납니다."

'양의 나라'가 '소의 나라'로

뉴질랜드도 양보다 수익성이 높은
소를 키우는 축산농가가 늘고 있다.

양을 키웠죠. 그러나 같은 면적에서라면 양보다 소를 키우는 게 5배 이상의 이익을 남깁니다. 소를 사육하는 비용이 더 들기는 하지만 그것을 감안해도 소가 양보다도 훨씬 돈이 됩니다."

이 말을 듣고나자 중국의 폭식으로 막이 오른 '새로운 시대'를 울타리 틈새로 엿본 것 같은 느낌이다.

2008년에 몰려온 금융위기+식량위기

몇 년 전 취재한 상황이 마치 어제 일처럼 떠올랐다. 리먼 쇼크가 일어났던 2008년 10월 〈NHK 스페셜〉로 방영된 〈세계 동시다발 식량위기〉를 제작할 때의 일을 두고 하는 말이다. 그때 프로그램을 담당했던 나와 PD 두 명은 2015년 3월 〈NHK 스페셜〉이 다룬 〈세계 소고기 쟁탈전〉의 제작을 맡아 취재에 들어갔다.

〈세계 동시다발 식량위기〉가 방영되기 전인 2007년은 세계경제의 호황을 견인해온 미국의 주택 가격이 마침내 최고점을 찍고 하락하기 시작할 무렵이었다. 저소득자를 대상으로 잡은, 이율이 높은 비우량주택담보대출 서브프라임론의 가면이 벗겨지고 있을 때였다. 이상한 거품에 덩달아 춤을 췄던 것을 후회하는 분위기가 관계자들 사이에 급속도로 퍼져나가던 시기였다.

2008년 5월에는 월가 순위 5위인 투자은행 베어스턴스가 파산 직전에 거대한 상업은행 JP모건 체이스에 흡수 합병되면서 세계경제는 그야말로 간발의 차로 금융위기의 심연으로 떨어지는 것을 모면했다. 주식시장이 쉬는 주말 동안 구제계획을 내놓아 이를 실현시킨 골드만삭스의 전 CEO 헨리 폴슨 재무장관의 수완에 당시의 수많은 관계자는 경탄을 금치 못했다.

결국 2008년 미증유의 금융위기가 터지자 풍요로운 시대를 향해 나아가던, 글로벌 경제에 뛰어들었던 전 세계 신흥국가에서는 동시다발적으로 식량위기가 터졌다. 빈곤층뿐 아니라 중산층이라 불리는 사람들까지도 먹을 음식을 사지 못했다. 급여가 바닥났기 때문이다.

나라마다 글로벌 경제에 가담한 정도는 달랐지만 세계 각지에서 같은 현상이 분출되었다. 일본에서는 신흥국만큼 극단적인 소란이 일어나지는 않았다. 하지만 식료품의 연이은 가격 인상으로 불안감은 고조되었다. '물가 우등생'이라 불리는 계란에까지 영향이 미쳐 값이 올랐다. 불안은 슬금슬금 퍼져나갔다. 소고기 사태와 비슷했다.

고대 문명기부터 나일 강 범람지에서 밀을 재배해 빵을 만들어 온 이집트의 수도 카이로에서도 이변이 일어났다. 거리의 빵집 앞에서는 여성들이 빵을 사기 위해 아우성이었다. 옛날부터 먹어 온 딱딱한 흰 빵을 사기 위해 사람들은 쟁탈전까지 벌여야 했다. 빵 하나를 가로채려고 서로 잡아당기고 밀치면서 "내가 먼저야!" 란 소리를 질러댔다. 그렇게 빵은 순식간에 동이 났다.

라틴 아메리카의 엘살바도르에서는 빈곤층과 서민은 물론 국가 공무원의 가족도 굶주림을 경험해야 했다. 안정된 생활을 보장받는 중산층도 마찬가지였다. 어느 공무원의 집을 방문해보니 식료품이 정말로 바닥나 있었다. 빵을 충분히 살 수도 없었다. 갑자기 곡물을 비롯해 생필품의 물가가 치솟으면서 지갑 속의 돈도 눈에 띄게 줄어들었던 것이다.

우리는 엘살바도르의 농촌 지역으로 취재를 하러 갔다. 우리가 방문한 곳은 양계장이었는데 닭들이 있어야 할 닭장 안은 이미 텅 비어 있었다. 불과 얼마 전까지만 해도 닭이 있었다고 한다. 농가 밖으로 나오자 트럭에 닭들이 산더미처럼 쌓여 있었다. 철망 틈새로 닭이 고개를 내민 채 빨간 주둥이를 벌리고 헉헉 대고 있었다. 사료 값이 껑충 뛰어올라 계란을 생산해도 수익이 남지 않게 되자 아예 닭고기로 내다팔려는 것이다.

양계장 주인이 단호하게 말했다.

"닭을 계속 키우면 손해입니다."

그동안 저렴하게 구입해온 수입 곡물 값이 급등하면서 이런 사태가 벌어졌다. 세계 곳곳에서 '먹을 것을 가져오라'며 서민들이 폭동을 일으켰다. 살벌한 영상이 NHK 스페셜 제작팀 편집실로 속속 들어왔다. 도대체 왜 이런 일이 벌어지는 것일까? 우리는 그 원인을 제공한 미국을 취재하기로 했다. 세계대전 이후 세계 식량의 판도를 바꾼 미국의 전략을 파고들기 위해서였다.

옥수수, 콩, 밀을 심어놓은 밭이 끝없이 펼쳐진 미국 중서부의 곡창지대. 세계대전 이후 미국의 가장 중요한 수출품이었던 농산물을 줄곧 팔아온 농가와 농민단체가 우리의 취재를 도왔다. 지금 미국 입장에서 중요한 수출품은, 곡물과 식육이다. 그러나 처음부터 자연스럽게 그랬던 것은 아니다. 그들은 가슴을 편 채 이렇게 말했다.

"제2차 세계대전과 태평양전쟁이 막을 내리고 난 뒤, 우리는 움직이기 시작했습니다."

거대한 곡창지대에서 생산된 수확물을 전 세계에 대량으로 팔겠다는 미국 정부 차원의 치밀한 전략은 이렇게 가동되었다.

미국 식량수출의 첫 타깃, 일본

미국이 맨 처음 타깃으로 삼은 나라는 태평양전쟁에서 패한 일본이었다. 전쟁이 끝나자 일본은 학교 급식으로 아이들에게 빵을 먹였다. 주식인 쌀도 충분히 먹지 못하던 시절에 빵이 들어오면서 일본인의 식생활은 단숨에 서구화되기 시작했다.

미국 정부와 농가는 곡창지대에서 생산한 수확물을 일본에 팔기 위해 한 몸이 되어 다양한 작전을 펼쳤다. 그 작전에 일본은 말려들 수밖에 없었다. 우리는 그 작전 중 하나인 '돼지 공수작전'이라는 희한한 사건이 벌어진 사실을 알게 됐다.

일본이 전쟁으로 불타버린 들판을 재건하고 겨우 풍요로움을 누리기 시작하던 1959년, 거대한 폭풍이 몰아닥쳤다. 5098명의 사상자를 낸 이세만 태풍이 그것이다. 당시 막대한 피해를 입은 일본인 대다수는 생존 자체가 어려운 실정이었다. 먹을거리가 극단적으로 부족했던 당시 지원이란 명목으로 미국에서 대량의 '살아있는 돼지'가 공수되었다. 돼지의 먹이인 옥수수와 함께였다.

그때 돼지를 공급받은 농가를 조사해보니 지금도 돼지를 사육하고 있었다. 돼지는 미국산 배합사료를 먹고 있었다. 그때 이후 습관적으로 그렇게 하고 있는 것이다.

지금도 그 농가들은 미국에 고마운 마음을 갖고 있었다. 전국 각지의 농가를 취재해 보니 미국은 당시 지도원을 파견해 보다 효율적으로 가축을 먹이고 빨리 살을 찌우는 방법을 발 벗고 나서서 가르쳤다. 그로 인해 미국산 곡물 소비가 증가했음은 두말할 나위도 없다.

자국민이 돼지고기를 먹으면 농가는 그것으로 수익을 올린다. 따라서 돼지나 소의 사육 규모는 점차 커졌고, 그때까지 이어져 내려온 일본의 농업은 변하기 시작했다. 농업형태가 대규모화하면서 근근이 쌀이나 밀을 재배하던 농가들은 농사짓는 걸 포기했다. '농가 규모가 작아 밀을 경작해도 사람들에게 많은 빵을

식량수출의 첫 타깃으로 일본을 점찍은
미국은 '돼지 공수작전'을 펼쳤다.
1959년 일본이 태풍 피해를 입게 되자
미국에서 살아있는 돼지를
대량으로 보낸 것이다.
돼지의 먹이인 옥수수와 함께였다.
돼지는 미국산 배합사료를
먹고 있었기 때문에 일본에 와서도 마찬가지였다.
당시 돼지를 받았던 농가들은
지금도 그것을 먹이고 있다.

먹일 수 없다. 미국의 광대한 밀밭을 보라. 그러니 쌀 경작에 특화하는 편이 효과적이다'라는 게 이유였다. "수입한 밀로 빵을 만드는 게 맞다"며 모두가 한 목소리로 말했고 그것을 곧이곧대로 믿었다.

그러나 밀농사를 그만두면서 예상치 못한 일이 벌어졌다. 밀을 재배하면 밀만 얻은 게 아니라 부산물로 '밀기울(밀의 껍질 부분)' 같은 가축 사료도 얻을 수 있다. 당시 농가들은 적어도 소 한 마리씩은 키우고 있었는데 그 밀기울을 소에게 먹여 왔다. 그런데 밀농사를 포기하면서 가축 사료를 얻지 못하게 되었다. 결국 키우던 소마저 없애는 방향으로 흘러갔다. 우유와 식육의 생산도 점차 대규모 낙농가를 중심으로 재편되었다. 미국산 배합사료를 대량으로 소에게 먹여 많은 우유를 얻었던 것이다.

미국산 곡물을
확보하라

학교급식으로 나오는 빵과 나란히 놓을 우유를 생산하기 위해 일본은 서둘러 우유 생산에 나섰다. 이상한 냄새가 나는 탈지분유에서 생우유로 바꾸기 위해서였다.

초등학생들은 허리에 손을 짚고 기세 좋게 우유를 들이켰다. 공중목욕탕에서 목욕을 마친 어른들도 같은 자세로 우유를 마시는 광경을 흔히 볼 수 있었다. 전후 인구가 급증하면서 일본에서는 우유 소비량 역시 크게 증가했다.

전쟁 이후 미국산 곡물은 일본뿐 아니라 아프리카 이집트에도, 남미 엘살바도르에도 수출되었다. 미국에서 들여온 값싼 수입 곡물로 인해 각국의 농업 경쟁력은 현저히 떨어졌고 농업방식도 변형될 수밖에 없었다. 그로 인해 농산물의 자급체계가 허약해지거나 붕괴했다. 대신에 수입 곡물을 먹고 수입 사료로 가축을 사육하는 구조가 전 세계로 널리 확산되었다.

마침 우리가 취재를 진행하던 무렵 공교롭게도 미국산 곡물이 중국에 본격적으로 상륙하기 시작했다. 미국의 곡물을 사용하는 축산 농가를 지도하기 위해 미국의 농가단체가 베이징에 사무소를 설치했다.

 그 후 얼마 지나지 않아 '식량위기'가 세계를 엄습했다. 글로벌화가 진행되면서 미국산 곡물을 사는 국가는 늘어났고 그것 없이는 살아갈 수 없는 세계가 되어버렸다. 그러다 보니 돌연 발생한 곡물 값 폭등 앞에서 손써볼 틈도 없이 그저 위기가 확산되는 것을 지켜보는 수밖에 없었다. 직장을 잃은 사람은 물론 일반 서민들, 어느 정도 경제적으로 안정된 중산층까지도 의문의 식량위기로 고통을 받아야 했다.

 어느 날 갑자기 국민 대다수에게 먹을거리가 없어지는, 납득할 수 없는 사태가 벌어질 그 무렵, 지금 현재 우리가 보고 있는 쟁탈전의 서막이 열리고 있었던 것이다. 그러나 사태는 웬일인지 잠잠해졌고 모두의 기억에서 멀어져 갔다. 그렇게 세월은 흘러 미국이 노리던 대로 먹을거리의 독점이 이뤄졌고 왠지 모를 부자연스러운 일이 차근차근 진행되고 있었다.

 이집트와 엘살바도르가 고통을 받고 있을 때 일본에서도 비록 그만큼 심각하지는 않았지만 곡물 값 급등이라는 달갑지 않은 문제가 생겨났다. 일본의 낙농가도 고통을 받게 된 것이다. 우유를 팔려고 해도 국내시장은 이미 포화상태다. 우유가 남아돌아 어려움을 겪는 한편으로, 수입 사료에 의지해온 대규모 낙농가는 사료 값 급등까지 겹쳐 연쇄적으로 도산했다.

일본의 산골 마을은 물론 지방도시, 대도시에서도 초등학교의 학생 수가 점차 줄고 있어 학교급식으로 소비되는 우유 양도 줄었다. 수입 곡물의 가격은 올랐지만 시장에서 우유는 남아돌아 오히려 값이 떨어졌다. 이런 상황에서 낙농가는 두 손을 들 수밖에 없다.

일본의 대규모 낙농가가 연쇄적으로 도산하는 상황이 되자 낙농시장에서는 또 다른 기이한 현상이 벌어졌다. 우유 생산량이 줄면서 버터가 부족해지자 버터 값이 돌연 폭등했던 것이다. 그러다 보니 버터 수입량이 증가했다.

낙농가의 폐업으로 버터 부족 현상은 그 뒤에도 수차례 반복되었다. 그렇다면 남아도는 우유나 유제품을 중국에 수출함으로써, 버터 생산에 필요한 우유를 확보하면 되지 않을까? 그런데 웬일인지 이런 대응은 이뤄지지 않았고 결국 낙농업자를 비롯한 대규모 축산업자의 폐업이 줄을 잇고 있다.

일본의 상황과는 달리 중국에서는 양고기 가격이 올랐다. 중국인들이 독특한 형태의 냄비에 매콤한 빨간 수프와 담백한 흰 수

66

곡물값이 급등하자 수입 사료에
의지해온 낙농가가 힘들어졌다.
우유는 남아도는데 곡물값이 오르자
연쇄적으로 도산했다.
우유 생산이 줄면서 버터가 부족해지자
버터값이 폭등했다.
그러다 보니 이제
버터 수입량이 증가했다.

99

프를 끓인 뒤 얇게 저민 양고기를 담가 살짝 익혀 먹는 샤브샤브를 즐기게 되면서부터다.

　중국은 그동안은 내몽골 자치구와 이웃나라 몽골의 초원지대 농가에서 양고기를 받았다. 그러나 양고기 수요가 증가하면서 이곳의 양고기만으로는 충당할 수 없게 되었다. 양고기가 부족하게 된 원인 중 하나는 초원 방목지를 무리하게 농지로 바꿨기 때문이다. 상황이 이렇다 보니 "그럼, 수입하자"는 결론에 이른 것이다.

　문제는 양을 키우던 뉴질랜드의 방목장에서도 이제 소를 사육하고 있기 때문에, 중국의 폭식에 따른 수요를 따라잡을 수 없게 되었다는 것이다. 자연히 양고기의 값은 폭등했다. 삿포로 스스키노에서 '칭기즈칸'의 가격이 오르는 것도 어찌 보면 당연한 일이다. 이처럼 글로벌 자본주의의 복잡한 연쇄작용은 엄청난 규모로 끝없이 이어지고 있다.

양고기 인기 짱
중국의 폭식 수요로 양고기 값도 폭등하고 있다.
소가 부족해지자 양 수요가 늘고있는 것이다.

뉴질랜드에
손을 뻗는 자들

우리 취재팀은 뉴질랜드 축산업의 중심이 양에서 소로 전환되는 상황에서 낯익은 한 사람을 만났다. 앞에서 만난 중국 산시성의 소고기 구매업자 카오샤오칭 씨다. 그녀가 이 날 방문한 곳은 소 목장이 아니라 양을 사육하는 곳이었다.

그녀는 냉동실에 들어가 뼈째 붙은 양고기의 지육을 찬찬히 살폈다. 앞으로 양고기의 가격이 오르면 좋은 비즈니스 기회가 올 거라고 생각하는 모양이다. 그녀는 양고기를 4분할 또는 6분할로 나눈 큼지막한 덩어리로 2만~3만 톤을 살 수 있는지 협상하기 시작했다. 이 협상에는 2014년부터 뉴질랜드에서 양고기 수입 비즈니스에 참여했다는 중국 기업의 담당자도 끼어 있었다. 그는 최근 1년간 120만 마리의 양을 식육으로 가공했다고 한다.

"뉴질랜드는 외국 기업의 참여에 호의적이라 우리로서는 감사할 따름입니다."

그는 뉴질랜드 정부의 환경보전 정책은 물론 제품 품질, 양이 먹는 풀 종류 등 축산업 관리 정책이 훌륭하다는 말을 덧붙이며 이

그 많던 양은 다 어디로

수익성에 밀려 양의 모습을
보기 어려워질 날이 올지도 모른다.

렇게 말했다.

"기업의 수익을 최대한으로 끌어올리는 게 우리의 목표이지요."

그 다음 이어지는 말에 놀라 입을 다물 수 없었다. 그의 회사는 원래 금융·부동산·건설업으로 엄청난 부를 거둬들였다고 했다.

"자, 이번에 우리 돈벌이 대상은 식육입니다. 그중에서도 양고기죠!"

그들은 이런 방식으로 뉴질랜드에 진출한 것이다.

사실 리먼 쇼크 이후 그리스 위기 등 유럽 경제가 침체되면서 중국은 큰 고통을 받았다. '세계의 공장' 중국은 각종 상품을 수출하기 힘들어졌다. 무역상들도 어쩔 수 없이 새로운 비즈니스 기회를 찾다가 식육 산업에 뛰어든 것이다.

중국 경제도 과거와는 같지 않기 때문에 앞으로 카오샤오칭 씨 같은 구매자가 계속 등장할 것으로 보인다. 서민들에게 더욱더 많은 식육을 제공하려는 사람이 늘어날 거라는 얘기다. 그러면 자연히 식육 가격은 오를 수밖에 없다. 그만큼 그들의 수익도 늘어날 것이다. 그들에겐 세계 곳곳에서 일어나는 어떤 이변도 돈벌이만 된다면 얼마든지 환영이다. 실제로 글로벌 시장에서는 상황이 혼란스러우면 혼란스러울수록 더 큰 수익을 올릴 수 있다. 문제는 우리의 먹을거리가 무분별하게 잠식당하고 있다는 점이다. 영문도 모른 채.

제**4**장

콩 찾아 삼만 리-미국과 브라질로

중국이 지나가면 아무것도 안 남는다

차원이 다른 중국의 폭식은 식육의 세계지도를 급속도로 바꿔 놓았다. 소고기에서 촉발된 이 현상은 양고기 시장에 영향을 미쳤을 뿐 아니라, 일본에서까지도 다양한 형태로 이변을 낳았다. 그이변은 일본인의 식탁에 결코 빠져서는 안 되는 어떤 곡물에도 악영향을 미쳤다.

그 곡물은 바로 콩이다. 콩은 두부, 된장, 간장의 원료다. 여물지 않은 상태에서 껍질째 먹는 콩을 즐길 정도로 일본인에게는 매우 친숙한 식품이다.

그렇기 때문에 콩을 밀이나 옥수수처럼 곡물로 분류하면 왠지 기분이 찝찝하다. 서구에서는 콩을 소, 돼지에게 먹이는 사료로 주로 사용하기 때문이다. 콩에서 기름을 짜내고 남은 대두박은 중요한 사료로 꼽힌다(식습관이 서구화하면 기름은 기름대로 소비가 증가한다).

지금 콩 분야에서 경고등이 깜박이고 있다. 대체 어떤 위기가 다가오고 있는 것일까?

우리 취재팀은 콩 수입을 담당하는 이토추 상사伊藤忠商事의 책임자 오키타 마사히코 과장을 찾았다. 그는 우리와 만나기로 약속한 날, 가죽가방을 어깨에 메고 나타났다. 그는 사무실에 들어서자마자 전화로 부하 직원에게 업무 지시를 내렸다. 매우 개성적인 오키타 과장은 '미스터 소고기' 이케모토 부장처럼 경쾌한 어조로 심각한 사태를 잘도 받아넘겼다.

그러나 콩 시장 상황은 꽤나 심각했다. 우리의 예상을 훨씬 뛰어넘는 기이한 사태가 펼쳐지고 있었다. 오키타 과장은 부하 직원을 데리고 된장 제조회사인 '하나마루키'를 방문했다. 국산 콩도 사용하지만 수입 콩을 대량으로 사용하는 업체다. 오키타 과장이 회의실 가죽의자에 앉자 안쪽 문이 열리면서 오카모토 부사장이 나타났다. 오키타 과장은 나날이 심각해지는 콩 조달 현황에 대해 그에게 자세히 설명했다.

"중국이 어떻게 나오는지가 가장 중요합니다. 그들이 구매한 뒤에 사려고 하면 정말이지 (대두가) 남아있는 게 없습니다."

오카모토 부사장이 한탄조로 말을 받았다.

"중국이 올려놓은 가격으로 (우리가) 살 수밖에 없는 시대가 바로 코앞까지 와 있는 것 같습니다."

오키타 과장은 차분하게 진심을 털어놓았다.

"부사장님, 이미 그런 상황이 되었습니다."

발목은커녕 이미 허리, 아니 목까지 물이 차올랐다는 게 오키타 과장이 느끼고 있는 현장 분위기다.

"일본이 줄곧 앞서 달려왔지만 콩의 매수에 관한 한 지금은 중국이 양으로도, 속도로도 앞서 가는 것은 명백한 사실입니다. 이대로 가다가는 콩 부족 상황이 올 겁니다."

콩에 관한 한 일본은 오랫동안 세계 최대 수입국이었다. 미국의 곡물 수출 전략에 편승하여 수입대국의 왕좌에 오른 것이다.

식료품 자급률이라는 측면에서는 결코 칭찬받을 일이 아니지만 시장 거래에 중요한 주도권 차원에서는 매우 유리하다. 미국의 곡물회사로부터 오랜 세월 유리한 조건으로 콩을 사올 수 있었던 것이다. 가격에서든 품질에서든, 갑작스럽게 수입량을 늘리든 줄이든, 수입하는 시기를 조금 늦추든 당기든 언제나 일본은 유리한 조건으로 거래할 수 있었다. 그야말로 일본은 세계 최대의 콩 수입국이었다.

그런데 1990년대 일본의 지위를 뒤흔드는 존재가 등장했다. 바로 중국이다. 중국은 순식간에 일본을 제쳤다. 지금의 콩 수입량은 일본의 20배로 연간 7000만 톤에 달한다. 현재 일본에서 일어나고 있는 소고기 사태가 10년 전 콩 시장에서 이미 벌어졌던 것이다. 게다가 2015년 1월에 발표된 중국 정부의 방침은 이런 상황을 한층 부채질했다. 도대체 무슨 일이 일어나고 있는 것일까? 오키타 과장이 중국의 정체에 대하여 상세히 이야기해주었다.

그 이야기를 듣고나자 헤비급 권투 경기가 전 세계를 열광의 도가니로 몰아넣었던 시대의 무하마드 알리를 떠올렸다. 그는 '나비처럼 날아서 벌처럼 쏜다'는 말로 유명한 선수다. 15라운드(현재 12라운드보다 라운드 수가 많았던 만큼 '사투'도 많아 대회장의 열기는 뜨거웠다) 내내 쉬지 않고 스텝을 밟듯이 링 안에서 '춤을 췄던' 천재복서다. 그 속도에 상대 선수가 기진맥진할 즈음 그는 강력하고 묵직한 펀치를 날려 매트에 쓰러뜨렸다. 중국의 접근 방식이 무하마드 알리의 스타일과 유사했다.

초를 다투는 콩 수입시장

최근 이토추 상사는 콩의 무역거점을 도쿄에서 미국의 포틀랜드로 옮겼다. 오키타 과장은 "그러지 않고는 중국의 꽁무니만 따라가게 돼 결국 선수를 빼앗길 수밖에 없다"고 말했다. 이토추 상사는 남미 브라질의 상파울루에도 활동 거점을 마련했다.

"중국 기업은 당연히 베이징을 거점으로 콩을 거래합니다. 우리는 그에 맞서 구매자가 있는 지역에서 어떻게든 공략하는 수밖에 없습니다. 그러지 않으면 중국을 도저히 따라잡을 수 없습니다."

오키타 과장은 이렇게 덧붙였다.

"각 지역 거점을 통해 우리는 미국과 남미, 동남아시아에서 어떤 일이 일어나고 있는지 그 정보를 얻을 수 있습니다. 물론 도쿄에서 통제와 지휘가 가능한 체계를 갖추고 있지요. 중국뿐 아니라 산지의 다양한 정보를 종합적으로 판단한 후에 어떤 전략으로 대응할지 판단하는 겁니다. 이것이 우리가 살아남는 방법입니다."

그렇다면 지금까지는 어떤 식으로 대응해온 것일까? 오키타 과장은 '오버나이트'라고 불리는 종래의 방식을 상세히 설명해주었다.

"미국과 거래할 때 그곳의 트레이더는 자신들이 쉬는 한밤중에 주문서를 보내달라고 요구합니다. 그들이 쉬는 동안 일본에서는 어느 정도의 양을 얼마에 살지 의논해 저녁에 주문서를 미국으로 보냅니다. 그러면 아침을 맞은 미국의 트레이더가 그 주문서에 따라 일을 처리했죠."

이런 상황은 일본이 원하면 언제든 살 수 있을 때를 전제로 한 이야기다. 시차를 이용하면 매우 유리한 조건에 콩을 살 수 있어서 세계 각국의 거점에서 릴레이 방식으로 수입을 한 것이다. 이게 바로 오버나이트 주문이다. 그러나 지금은 그 말 자체가 사라져버렸다. 믿을 수 없을 만큼 거래 속도가 빨라졌기 때문이다.

지금은 미국 시카고 선물시장이 개장하는 동시에 5분, 10분 단위로 콩이 팔리기 시작한다. 따라서 아시아는 오버나이트 주문으로 대응할 수 있는 기회가 현저히 줄어들었다. 5분, 10분마다 움직이는 시황에 맞추기 위해서는 24시간 내내 세상 어딘가에 담당자가 있어서 릴레이로 주문하는 체제를 갖출 수밖에 없는 시대가 된 것이다.

오키타 과장은 매우 복잡한 콩 거래의 실상과 함께 상사원이 어떻게 일해야 하는지도 들려주었다.

"일본의 콩 수입량은 300만 톤으로 중국과 비교하면 적은 규모지만, 중국을 제외하면 결코 적다고 볼 수 없습니다. 중국의 수입량이 워낙 많은 것이지요. 따라서 우리 자신을 과소평가할 필요는 없습니다. 충분히 세계에 내놓을 만한 숫자니까요. 물론 콩에 관한 한 중국의 영향력은 매우 크지만요."

오키타 과장은 앞으로도 중국의 콩 수입량은 증가할 것이라고 예측했다.

"지금 중국의 수입량은 연간 7000만 톤이지만 2020년에는 1억 톤에 육박할 것이라고 대부분의 사람들이 예측하고 있습니다. 따라서 앞으로 3000만 톤 정도의 콩을 어딘가에서 생산하지 않으면 품귀현상이 벌어질 것입니다."

오키타 과장은 또 이렇게 덧붙였다.

"2000년 무렵만 해도 2010년에 이런 사태가 벌어지게 되리라고는 전혀 예상하지 못했습니다. 이제 중국뿐 아니라 인도나 북아프리카 등지의 국가가 어떻게 나올지도 주목해야 합니다."

지금보다 더 어려운 시대가 올 것이라는 얘기였다.

그렇다면 오키타 과장이 말한 예상도 하지 못한 사태란 무엇을 말하는 것일까? 그것이 알고 싶어 우리는 콩 수출국 미국으로 날아갔다.

미국의 수출기지가 변했다

이토추 상사 콩 수입팀의 안내를 받아 우리가 찾아간 곳은 미국 서해안이었다. 곡물의 수입현장을 이전부터 보아온 사람들에게는 뜻밖의 장소일 것이다. 왜냐하면 미국이 곡물을 수출할 때는 내륙 중서부의 곡창지대에서 선박을 이용해 해안으로 곡물을 운반하기 때문이다. 곡창지대의 한가운데를 흘러 멕시코 만으로 빠져나가는 미시시피 강(전체 길이 3779킬로미터)을 이용하는 것이다.

실제로 2008년 세계 식량위기를 취재할 당시, 미시시피 강변에는 곡물회사가 운반해온 거대한 저장시설, 컨트리 엘리베이터가 빼곡하게 세워져 있었다. 미국의 곡물을 세계 각지로 팔아온 카길, 이라크 전쟁으로 원유 불안이 미국을 덮쳤을 당시 옥수수에서 바이오에탄올이라는 연료를 제조하는 데 적극 관여했던 ADM, 미국 농협이 합병하여 만든 CHS 등 막강한 힘을 지닌 곡물회사들이 당시 그곳에 곡물을 모아놓았다.

당시 곡물을 가득 실은 운반선들이 넓은 미시시피 강으로 나아가는 모습은 정말 장관이었다. 하구에는 수출기지 뉴올리언스가 있었다. 우리는 수출선에 옥수수와 콩을 선적하는 과정을 헬기에서 촬영했는데 거대한 먼지구름이 피어오르는 장면을 카메라에 담았다. 세계의 식량을 좌지우지하는 미국의 저력을 저절로 느낄 수 있는 장면이었다. 하지만 이런 멋진 장관을 연출하는 유통과정이 정규 루트는 아니었다.

상식·금지·향수마저 짓밟는 경제법칙

우리는 미국 서해안 도시 포틀랜드에 있는 수출 현장으로 향했다. 포구 입구에는 긴 다리가 걸려 있었고 큰 트럭들이 오가는 모습이 보였다. 그 너머에 곡물회사 붕헤이^{Bunge}와 이토추 상사가 합작 운영하는 곡물수출 엘리베이터 EGT가 있다. 항구에는 전용 운송선이 정박해 있었는데 콩이 적재되어 있었다. 그 양은 무려 6만 톤으로 전부 중국으로 간다고 한다.

　이토추 상사의 야마다 게이코 포틀랜드 사무소장이 그 상황을 설명해주었다.

"우리의 일상 업무 대부분은 중국행 수출입니다. 중국행은 거대한 운반선 단위로 관리하지만 일본의 두부, 된장, 간장용 콩은 컨테이너 단위로 거래합니다."

중국으로 향하는 것은 거대한 운반선 전체인데 비해 일본으로 향하는 것은 몇 개의 컨테이너 수준이라는 얘기였다.

곡물 운송 사정이 변하면서 미국의 내륙 수송 환경도 많이 바뀌었다. 화물열차 운행을 두고 하는 말이다.

'대체 몇 대나 연결한 것일까?' 끝도 없이 지나가는 미국의 화물열차를 보고 있으면 누구나 한 번쯤 품는 궁금증이다. 곡창지대에서 수확한 엄청난 양의 곡물은 이런 화물열차로 운반한다.

한동안 비행기와 자동차의 발달로 철도 운송망은 쇠퇴했다. 서해안과 동해안을 오갈 때는 비행기가 단연 빠르기 때문이다. 물류만 해도 고속도로망이 잘 갖춰져 있어서 트럭 운송이 편리하고 쉽다.

그러나 지금은 상황이 많이 변했다. 이 정도로 엄청난 양의 곡물을 항구로 운반하려면 철도가 유리하다. 미국에는 동서를 잇는 큰 강이 없기 때문이다. 뉴올리언스에서 곡물을 적재한 운송선이 중국으로 가려면 파나마 운하를 통과해야만 한다. 그런데 선적량에 따라 운하 통행료가 증가한다. 그럴 바에는 차라리 철도를 이용하는 게 경제적이다.

"

필요하면 언제든 순식간에 '인프라'를
정비하고 자금을 투입하는 게
경제란 놈이다.
경제적 합리성은 오랜 '상식'도,
뉴올리언스는 멋진 마을이라는 자긍심도,
마음 속 향수도
서슴없이 무너뜨린다.

"

이처럼 필요하면 언제든 순식간에 인프라를 정비하고 자금을 투입하는 게 경제란 놈이다. 경제적 합리성은 오랜 상식도, 뉴올리언스는 멋진 마을이라는 자긍심도, 마음속 향수도 서슴없이 무너뜨린다. 거대한 허리케인 카트리나(실제로 뉴올리언스를 강타하는 바람에 수출기지가 이동하는 데 영향을 미쳤다)처럼 말이다.

미국의 빛바랜 존재감

동시다발적인 세계 식량위기 현장과 바이오에탄올 제조 현장을 카메라에 담으면서 우리는 일본 상사원들이 유전자를 변형하지 않은 콩을 확보하기 위해 악전고투하는 모습을 지켜볼 수 있었다.

가축에게 사료로 먹이거나 연료로 사용하기 위한 곡물은 일단 수확량이 많고 관리하는 데 번거롭지 않으며 비용은 낮은 게 우선 조건이다. 그러다 보니 유전자 변형 작물 이 증가하고 있다.

그런데 일본인이 즐기는 두부나 된장을 위해 번거롭게 유전자를 변형하지 않은 콩을 생산해 달라고 미국 농가를 일일이 설득하는 것은 힘든 일이 아닐 수 없다. 지금은 더욱 더 어려운 일이 되었다. 실제로 유전자 변형 콩은 지금도 계속 증가하고 있다.

이토추 상사의 오키타 과장도 기술개발로 과거보다는 안전한 편이고 단위당 평균 수확량도 엄청나게 증가했다고 말했지만, 안전도가 충분히 보장되지 않는 콩을 먹는 게 우리가 직면한 현실이다.

문제는 미국에서 생산되는 엄청난 양의 콩으로도 중국의 수요를 감당할 수 없다는 점이다. 그렇기 때문에 콩 쟁탈전은 더욱 과열되고 있다. 이런 상황이라면 다른 국가도 콩 생산에 뛰어들 게 틀림없다. 오키타 과장도 인정했다.

"곡물 시세가 오르고 있어서 다른 곳에서도 재배하는 사람들이 늘어날 것입니다."

그는 손 놓고 있을 상황은 아니지만, 그렇다고 딱히 나설 수 있는 것도 아니어서 그저 지켜보는 수밖에 없다고 털어놓았다.

그때 중국에서 촬영한 장면이 내 뇌리를 스쳤다. 허난성에 있는 중국 최대 돼지고기 생산기지에서 만난 기묘한 광경이 그것이다. 엄청난 양의 소고기를 먹어치우는 중국의 폭식은 소에 그치지 않고 돼지고기 섭취량까지 끌어올리고 있었다. 원래 전 세계 돼지의 절반을 먹어온 중국인데 미국 최대 돼지고기 가공회사를 사들인 것으로도 모자라 엄청난 수의 돼지를 자국에서 사육하고 있었던 것이다.

당시 우리 눈앞에는 기분이 이상해질 만큼 수많은 돼지가 여러 대의 트럭에 실려 있었다. 한 눈에 다 들어오지 않을 만큼 멀리까지 이어져 있는 돼지고기 가공공장. 중국의 엄청난 폭식이 미국의 존재감을 흐려놓는 현장이었다.

오키타 과장에 의하면 기이한 사태가 엄청난 속도로 확산돼 어안이 벙벙할 정도라고 한다.

"콩을 제가 처음 거래할 때는 미국 상황만 지켜봐도 전체 시장의 90퍼센트를 파악할 수 있었습니다. 그런데 지금은 어떨까요? 대략 30퍼센트쯤 될까요.

미국에서 풍작이 이뤄지면 콩 가격이 내려가는 게 지금까지 상황이었습니다. 그런데 지금은 꼭 그렇지도 않아요. 다른 국가의 영향력이 커져서 그것을 다 확인할 때까지 시장은 움직이지 않습니다. 시장 구도가 매우 복잡해진 거죠."

치밀한 중국의 식량전략

지금 세계에서 일어나는 일들을 다시 한 번 정리하기 위해 중국의 식품전략을 연구하고 전략 입안에도 직접 참여한 국무원의 청귀치앙 씨의 인터뷰를 다시 들어보았다. 그는 인터뷰에서 중국 상황을 짐작케 하는 기본적인 통계를 알려주었다.

"중국 통계를 바탕으로 계산하면, 곡물 총생산량은 11년 연속 증산돼 2014년에는 6억2000만 톤에 이릅니다. 쌀, 밀, 옥수수, 수수, 보리, 귀리 등의 곡물과 콩, 녹두, 흑두 등의 콩류와 감자, 고구마 같은 덩이줄기 채소를 포함한 숫자입니다."

그는 중국이 무엇을 중요하게 생각하는지, 자급과 수입을 어떻게 조절하는지도 설명했다.

"기본적으로 우리는 곡물 즉 밀이나 쌀 물량은 비교적 안정세를 유지하고 있습니다. 최근 10년간 특히 수요와 공급의 균형을 잘 유지하고 있습니다.

주식으로 먹는 곡물은 기본적으로 자급하고 있지요. 수입 곡물의 경우는, 예컨대 강력분은 캐나다나 미국에서 대략 100만 톤을 들여옵니다. 정제 밀가루는 오스트레일리아에서 들여오는 양이 대략 100만 톤쯤 됩니다."

그는 또 이렇게 덧붙였다.

"대량으로 저장할 수 있는 쌀은 최근 5~6년 동안 생산량이 증가해 국내 소비 신장세를 웃돌고 있습니다."

반면 일본에서는 쌀 경작을 포기하는 땅이 늘고 밀은 대량으로 수입하고 있다. 식량 자급률은 40퍼센트에 그쳐 조금도 개선되지 않은 상황이다. 중국과 비교하면 식량에 관한 한 국가 차원의 인식이나 태도, 접근방식이 소홀하다는 느낌이 들었다.

미국은 됐고, 이제는 남미다

청궈치앙 씨의 이야기는 대표적인 사료용 곡물 옥수수로 옮겨갔다.

"옥수수의 중국내 생산은 2억 톤을 돌파하였습니다. 10년 전에는 대략 1억2000만~1억3000만 톤이었기 때문에 증산 폭으로는 최고입니다."

그런데도 중국은 2011년부터 옥수수를 수입하고 있다. 그만큼 수요가 급증한 것이다. 중국 내의 식육, 달걀, 우유가 증산되고 있는 것도 중국 내 수요가 늘었기 때문이다.

그렇다면 콩은 어떨까?

"두부 등에 사용하는 콩은 1500만톤을 자급합니다. 게다가 기름을 짜기 위한 유전자 변형 콩도 조금은 국내에서 재배하고 있습니다."

만일 수입을 할 수 없게 되는 이변이 일어나더라도 국내 시장의 혼란을 최소화하기 위한 전략을 갖고 있다는 것이다.

기름을 짜거나 찌꺼기를 사료용으로 쓰는 콩의 수입 상황도 밝혔다.

"7000만 톤 중 약 3000만 톤은 북미에서, 약 4000만 톤은 남미에서 수입합니다. 지금은 남미가 더 많지요."

중국은 지금까지 수입을 촉진하기 위해 단계적으로 조치를 강구해왔다. 1996년까지 수입을 실질적으로 제한해온 '선박관리조치'를 폐지하고 단일 관세방식으로 대체했다. 중국다운 방식이다. 선박 관리를 공무원에게 맡겨두면 이런 저런 트집을 잡기 때문에 결과적으로 수입이 억제되고 사실상 규제가 된다(물론 뇌물의 온상이 되기도 할 것이다). 따라서 그런 절차가 필요 없도록 세율을 단순

중국은 남의 나라 영토도 바꾼다

미국에 이어 남미가 중국의
새로운 식량 생산 기지로 자리를 잡아가고 있다.

화한 것이다. 여기에 2015년 1월 '중앙 제1호 문건'까지 공포했다.

미국 대륙으로부터 콩 수입을 확대하게 된 상황을 놓고 이야기하던 청궈치앙 씨는 이렇게 결론지었다.

"최근 10년간 우리의 수입이 급성장하면서 미국과 남미의 농업이 번영을 누리고 있습니다."

미국은 이런 상황을 어떻게 받아들일까? 분명 곡물 생산량이 증가했고 수출로 인한 외화 수입도 늘어났다. 그러나 독점적인 곡물 수출을 통해 누려왔던 헤게모니(패권)는 분명 약해졌다고 봐야 할 것이다. 미국 최대 수출품인 '식량 아우라'에도 끝이 보인다. 중국의 폭식은 미국의 지위를 끌어내리고 중국의 지위를 높이는 원동력이 되었다.

청궈치앙 씨는 미국보다 남미가 앞으로 더 중요하다고 말했다.

"우리 분석에 의하면, 전 세계 농업자원에는 거대한 잠재력이 있습니다. 특히 남미는 콩 생산 덕분에 상당한 자원개발을 할 수 있었지요."

한물간 모델, 일본의 식량정책

청궈치앙 씨의 이야기는 먹을거리 수입대국인 일본으로 이어졌다. 그는 과거에 일본을 열심히 연구한 적이 있다고 했다. 급속도로 경제가 발전하면 식문화가 서구화할 것이고 음식물의 소비구조가 변하게 되므로 국내 자원만으로는 수요를 충당할 수 없게된다. 그 상황에서는 어떻게 할 것인가를 대비하기 위해서였다. 일찌감치 식재료를 수입산에 의존해온 일본에 주목하게 됐고 전세계에 걸쳐 있는 일본의 공급라인을 연구했다는 것이다. 그중에서도 일본 상사를 말이다.

 리먼 쇼크로 거품경제가 붕괴되자 여러 국가에서는 공적 자금이 잘못된 방식으로 투입되지 않도록 연구에 연구를 거듭했다. 다시 말해 '잃어버린 20년'의 깊은 수렁에 빠진 일본 전철을 밟지않기 위해서였다. 일본의 무엇이 잘못되었는지 철저하게 배웠다는 것이다.

이토추 상사의 오키타 과장은 중국과의 싸움이 얼마나 어려운지 이렇게 말했다.

"우리가 갖고 있는 시장 개념으로 조금 사둘까 혹은 팔까 생각할 때도 있지만, 역시 상황을 봐야만 합니다."

"전혀 움직이지 않는 것입니까?"

그렇게 묻자,

"아니, 사실 아무것도 하지 않는 것 자체가 리스크입니다. 고객은 일본에도 있고, 당연히 중국에도 있지요, 그들에게 물건을 팔지 않으면 안 됩니다. 물건을 사거나 팔거나 하는 방법밖에는 없으니까요. 그런 의미에서 뭔가를 해야 할지 말아야 할지 판단해야 하거든요."

그러면서 그는 결국 상사원의 기본 자세로 돌아가야 한다고 강조했다.

"그래도 역시 현장주의는 지금이나 옛날이나 변함이 없습니다. 직접 만나서 보고 듣고 이야기를 나눠보지 않으면 모릅니다."

광활한 브라질 초원 세라도의 기적

그렇다면 중국 덕분에 농업자원 개발이 한창 진행되고 있는 남미의 지금 상황은 어떨까?

2014년 11월 우리 취재팀은 델타항공 비행기를 타고 지구 반대쪽 브라질 상파울루로 향했다. 브라질에서 우리를 안내한 사람은 오키타 과장이 이끄는 이토추 상사의 콩 수입팀 마에다 겐야 씨다. 2013년도에 상파울루 지점으로 옮겨왔다. 콩 재배 농가와 상담하러 가는 그를 따라가기로 했다. 상담이라고 해봤자 인사를 나누는 정도여서 서로 얼굴이나 익히는 것이다.

신흥 개발국인 브라질에서 중국은 미국의 상황과는 비교도 되지 않을 만큼 앞서 가고 있다. 그곳을 어떻게 잠식해갈 것인가? 우리는 마에다 씨와 함께 상파울루에서 국내선으로 갈아타고 목적지로 향했다.

미국에 이어 이 지역에서도 우리의 예상은 빗나갔다. 우리가 향

둥글게 둥글게

브라질의 광활한 초원이 콩, 옥수수 재배지로 무분별하게 개발되면서 환경 파괴 우려를 낳고 있다.

한 곳은 콩밭으로 개간된 아마존 강 유역이 아니라 나무로 가득한 내륙의 초원지대 세라도였다. 일본 국토의 5배가 넘는 이 대초원이 콩을 재배하는 밭으로 탈바꿈하고 있었다.

아마존 개발은 지구환경을 파괴한다는 국제적 비판이 집중돼 있어서 사실 브라질 정부도 개발에 엄격한 조건을 내걸고 있다. 개발 면적의 10분의 8을 자연 그대로 남겨두지 않으면 안 된다는 규정 때문에 자연히 개발의 물결은 규제 밖에 있는 세라도로 옮겨지고 있었다.

비행기에서 내려다 본 세라도는 듬성듬성 나무가 무성했다. 이윽고 그 너머에 평평하게 다져진 푸른 밭이 보였다. 먼저 거대한 원이 여러 개 나타났다. 직경 10킬로미터쯤 되는 크기다. 원형의 콩밭과 콩밭의 경계지점에는 관목지대가 있었는데 이런 콩밭이 끝없이 이어졌다.

이 지역은 콩밭 개발을 위한 곳이라서 그런지 공항도 최소한의 기능만 갖추고 있었다. 우리는 차에 올라 포장되지 않은 도로를 곧장 달려 나아갔다. 달리고 달려도 목적지에는 좀처럼 닿지 않았다. 몇 시간을 달려도 똑같은 밭이 이어졌고 먼 곳에선 무지개가 보였다. 아무리 달려도 무지개에 다가갈 수는 없겠지만 무지개 좌우의 풍경은 전혀 변함이 없었다. 상상을 초월하는 크기다.

정해진 미팅 장소에 간신히 도착했다. 그동안 달려온 길보다는 조금 폭이 넓은 비포장 외길뿐이었다. 마에다 씨는 동료와 둘이서 상대가 나타나기를 기다렸다. 이윽고 멀리서 희미한 엔진소리가 들려왔다. 그 소리는 점차 커졌다. 그때였다. 하얀 소형 비행기가 다가오고 있었다. 우리가 달려온 폭 넓은 도로는 활주로였던 것이다. 가볍게 착륙한 소형 비행기는 마에다 일행 앞을 지나 멀리 가서 멈춰 섰다.

비행기에 다가가자 덩치 큰 남자가 내렸다. 흰 셔츠에, 흰 파나마모자, 그리고 불룩한 배.

"봉지아(안녕하세요)."

인사를 건네며 사람 좋은 웃음을 짓는 그가 이 지역에서 '대두왕'이라 불리는 농부 주리오 부자토 씨다. 부자토 씨는 익숙한 손놀림으로 소형 비행기의 급유구 뚜껑을 열었다. "당신의 자가용인가요?"라고 묻자 그는 "그런 셈이죠"라고 했다.

도쿄돔 9800개 넓이의 콩밭을 갖고 있는 농부

부자토 씨는 비행기로 콩밭을 구경시켜 주겠다고 제안했다. 비행기는 흙바닥 활주로를 다시 기세 좋게 달려 이륙했다. 소형 비행기는 순식간에 고도를 높였다. 부자토 씨는 기분이 좋아 보였다. 뒤쪽에 앉은 우리를 돌아보고는 오른손 엄지손가락을 세워 보였다.

통신용 장치를 귀와 입에 댄 마에다 씨가 질문했다.

"이 근방은 모두 당신 밭입니까?"

"그렇습니다."

이내 반대편을 손가락으로 가리키며 "저쪽도요"라고 태연히 말했다.

비행기를 타고 날고 날아도 밭은 계속 이어졌다. 드디어 동그란 헬리콥터 착륙장에 도착했다. 부자토 씨의 밭은 넓이가 460제곱킬로미터로 도쿄돔 약 9800개가 들어갈 수 있는 공간이다. 부자토 씨는 지금도 세라도를 개발 중인데 농지를 계속 확장하고 있다고 한다.

아직 콩이 달리지 않은 푸른 콩밭 한 가운데서 마에다 씨가 다시 질문을 던졌다.

"판로는 정해졌습니까?"

"대부분 중국으로 가죠. 그건 알고 있죠? 그들은 매우 적극적이에요. 손이 큰 구매자죠. 계속 사러 옵니다."

갈수록 태산이다.

부자토 씨는 그 사람 좋은 얼굴로 우리를 이곳저곳으로 안내해주었다. 최근 밭 일부에 도입하기 시작한 관개시설도 보여주었다. 엄청나게 큰 이동식 스프링클러가 기운차게 물을 내뿜고 있었다. 이런 시설이 갖춰진 곳은 지극히 일부 지역이다. 광활한 밭 대부분은 비에 의지하고 있다고 부자토 씨가 설명했다.

얼마 안 있어 곧 개발할 예정인 미개지도 보여주었다. 그곳은 수십 센티미터나 되는 풀이 무성했다. 높이가 3미터쯤 되는 나무도 곳곳에서 보였다. 나뭇가지에는 넝쿨이 얽혀 있었다. 이런 험한 곳으로 농기구를 가져와 밭으로 개간한 것인데, 개발비용은 당연히 농가 부담이다. 때문에 이곳으로 처음 이주해왔을 무렵에는 고생도 많았다고 한다.

"미국 곡물회사에 헐값으로 팔아넘긴 적도 있지요."

그러나 밭이 넓어지면서 힘의 관계가 변했다. 밭에 당당히 서 있는 그를 보니 그 말의 의미를 이해할 수 있었다.

밭이 아무리 넓어도 중국이 몽땅 사주는 믿기지 않는 상황. 중국의 폭식 사태는 무릎 높이밖에 안 되는 콩을 이토록 넓은 토지에 재배하게 만들었다. 그러면서 그들은 말한다.

"좀 더 생산하시오. 아직 부족합니다."

사람 좋은 배불뚝이 농부가 수십 명, 수백 명으로 늘어가는 동안 세계 최대의 콩 수출국 미국의 지위는 더 흔들릴 것이었다.

곡물회사보다 막강한 브라질 농부

우리는 부자토 씨의 사무실에서 충격적인 장면을 목격했다. 기업과 곡물회사를 상대로 한 가격 교섭에서 그가 이긴 것이다. 한 해에 30억 엔(342억 원)이나 매출을 올리는 대규모의 콩밭을 무기로 미국의 곡물회사가 좌지우지하던 가격 주도권을 빼앗아올 수 있었던 것이다.

여러 대의 모형 비행기와 검은 가죽 의자로 장식해 놓은 사무실에는 부자토 씨의 형제가 모여 있었다. 원래 가족이 모여 시작한 농사인데 회사 경영도 형제끼리 한다.

가격 협상을 담당하는 것은 동생인 마르코스 씨다. 눈매가 매섭다. 목에는 금목걸이가, 팔에는 금팔찌와 금시계, 손가락에도 금반지가 끼워져 있다. 손에 든 볼펜도 금색이다. 책상 뒤에 걸려있는 사진에는 화려한 옷에 화장을 한 딸들의 모습이 담겨 있다. 다들 미국에 유학 중이라고 한다.

시선을 들자 큰 모니터가 보였다. 화면은 숫자로 가득하다. 시카고 선물시장의 가격 변동 상황이 실시간으로 표시되고 있었다.
부자토 씨는 진지한 눈매로 숫자를 응시하다가 동생에게 묻는다.

"시카고 선물시장은 어때?"

부자토 형제는 다음 수확기에 나올 생산량 중 3분의 1을 이미 팔았다. 나머지는 언제, 얼마의 가격으로 팔아 이익을 최대화할까. 이 날의 협상 가격은 시카고 선물시장 국제시세를 근거로 1부셸(약 27킬로그램)당 21달러 정도로 생각하는 것 같았다.

마르코스 씨의 휴대전화로 곡물회사 담당자들이 전화를 걸어왔다. 그는 메모를 꺼내면서 차분한 목소리로 협상을 진행했다.

"21.1달러로 주문을 받은 것은 3, 4월이었죠, 아마?"

"21.5달러에서 22달러면 생각해보지요."

그렇게 말하고 전화를 끊었다. 이번에는 자신이 전화를 걸었다. 상대는 조금 전 통화했던 중국계 기업이다. 제시 가격을 다시금 확인하기 위해서다.

"20.8달러라……그건 너무 싸군요. 무슨 일이 있으면 언제든 전화주세요."

그렇게 말하고 마르코스 씨는 일방적으로 전화를 끊었다. 결국 이 날 콩은 팔지 않았다.

"시장이 어떻게 될지 모릅니다. 21달러로 팔지 않을 거면 조금 더 참는 거죠. 이미 일부는 매각을 끝낸 뒤라 좀 더 기다려보는 것도 나쁘지 않습니다. 누구에게 팔지는 아직 정하지 않습니다. 모든 것은 가격에 달려 있지요."

우리는 두 눈으로 직접 대두왕의 협상 실력을 보았다. 저토록 대량으로 사들이는 중국계 기업도, 오랜 기간 세계를 지배해온 곡물회사도 작게만 느껴졌다.

벌거숭이 자본주의

지구 반대편에 있는 콩의 세계에서 '공적인 존재'는 전혀 보이지 않았다. 국가나 국제기관은 대체 무엇을 하고 있는 것일까?

우리가 아는 먹을거리의 세계는 브라질의 사정과 달랐다. 먹을거리는 국가나 세계가 안전을 보장해야 하는 대상이다. 따라서 미국은 그 힘으로 세계를 좌지우지해왔고 막강한 힘을 가진 곡물회사(민간기업)는 미국 정부와 깊숙이 연관되어 있었다.

중국의 청궈치앙 씨 인터뷰에서도 확인했듯이 안전보장이라는 관점에서 치밀하게 앞을 내다보는 중국의 전략은 오싹하게 느껴질 정도였다. 그러나 지금 브라질에서 우리가 본 것은 너무나 조심성도 없었고 무방비였다.

브라질을 취재하는 동안, 미국이나 중국이라면 당연히 개입되었을 국가의 압력 같은 것은 눈곱만큼도 찾아볼 수 없었다. 한 가족이 온갖 고생을 하면서 초원을 개간해 스스로 키워놓은 농가이기에, 촬영 허가도 농가에게만 받으면 되는 것이다. 그 현장 앞에서 왠지 모를 두려움이 느껴졌다.

대두왕 중에는 탈세 혐의로 쫓기면서도 여전히 농지를 확대해가는 사람이 있었다. 세라도에서도 자연환경을 일정 부분 그대로 남겨둬야 한다는 규정이 있다. 그러나 감시하는 사람도 조직도 찾아볼 수 없다. 이 지역의 유일한 감시자로 '농업자 단체'가 있지만 이 단체의 대표 책임자가 바로 부자토 씨다.

제동장치가 고장 난 자동차의 액셀러레이터를 계속 밟아대고 있는 글로벌 자본주의. 정장 차림은커녕 속옷 한 장 걸치지 않은 뻔뻔한 '알몸뚱이 자본주의'를 본 것만 같았다.

이토추 상사의 마에다 씨는 부자토 씨와 협상 후 콩밭을 둘러보며 일본이 콩을 확보하는 데 얼마나 어려운 상황에 놓여 있는지 하소연했다.

"중국 기업을 포함해 새로운 선수가 차례로 등판하고 있습니다. 그럴수록 우리가 콩을 구입할 수 있는 기회는 줄어들지요. 정말이지 위기감이 느껴집니다."

미국형 자본주의의 상징, 소고기

미국 소고기 업자의 속내

인터뷰에 응한 미국의 소고기 가공업자가 흥미로운 이야기를 들려주었다.

"미국을 덮친 심각한 가뭄 때문에 어미 소까지 도살할 수밖에 없었습니다. 그 바람에 소가 급격히 감소하는 상황이 벌어졌습니다."

그는 "미국에서 이토록 소가 줄어든 것은 1950년대 이후 처음"이라고 덧붙였다.

소고기 값이 급등하면서 뉴욕에서 특히 빈민층이 많은 브롱크스나 퀸즈, 브루클린이나 뉴저지 등에서 소비가 감소했다고 한다.

"우리가 어렸을 때는 소고기를 일주일에 한 번 정도 먹었습니다. 소고기 같은 동물성 단백질 가격이 저렴해진 것은 농업이 산업화된 덕입니다. 대신에 맛이나 품질은 떨어졌지만."

중국이 미국 최대 돼지고기 가공회사인 '스미스필드 푸드'를 매수한 것에 대해서도 언급했다.

"중국이 2013년 스미스필드 푸드를 매수한 데는 두 가지 의미가 있습니다. 먼저, 미국의 생산모델 기술을 샀다는 것입니다. 하지만 그보다 더 중요한 의미가 있습니다. 중국이 스미스필드 푸드의 돼지고기를 수입하기 시작하면, 미국의 '산업화된 농업'에 문제가 있다는 걸 알게 된다는 것입니다. 그래선지 중국은 산업화된 농업의 문제점을 중국 본토로 가져가지 않고 돼지고기만 수입하고 있지요."

이 가공업자는 산업화된 농업을 상당히 적대적인 관점에서 보고 있었다.

"지금 소비자들은 품질 좋은 고기를 원합니다. 호르몬제나 항생제를 투여하지 않는 고기 말입니다. 그러기 위해서는 소를 오랜시간 방목할 필요가 있습니다. 그러면 식육의 품질이 좋아집니다. 대신 비용이 들지요."

그는 산업화된 가축의 문제점을 이렇게 지적했다.

생산량을 늘리기 위해 호르몬제나 항생제를 소에게 투여하는 손쉬운 방법을 소비자(결국 맨해튼에 사는 부유층)들이 꺼리기 시작했다는 것이다. 손쉬운 방법이란 최근 수 십 년 동안 발전된 기술을 말한다. 결국 소를 사육하기 위해서는 수고나 시간을 투여해야 한다는 것을 소비자가 알게 됐다는 의미다.

　사실 산업화된 농업의 실태를 알고 나면, 20세기 초에 주도권을 쥔 미국이 2차 세계대전 이후 폭발적으로 부를 축적하면서 형성한 미국형 자본주의라는 '괴물'을 엿볼 수 있다.

대량생산이 낳은 부(富)

물론 그 괴물이 미국에서 처음 시작된 것은 아니다. 18세기 영국에서 산업혁명이 일어나던 중에도 괴물은 이미 존재했다. 증기기관이 발명되고 고속으로 달리는 철도가 생기고 대량으로 모직물, 면직물을 생산하는 기계가 등장하면서 인간은 믿을 수 없을 만큼 엄청난 부를 손에 넣었다. 그 속도는 압도적으로 빨랐다. 그 속도에 대응할 수 있게 투자금을 서둘러 모아서 불린 뒤, 투자금을 제공해준 사람에게 사례금을 지불하는 시스템으로서 자본주의가 성립된 것이다.

　그 와중에 노동자의 삶은 너덜너덜해지고 런던을 흐르는 템스

강은 시궁창이 되었으며 하늘은 매연으로 시커멓게 오염되었다. 이런 발전 패턴은 일본이나 중국으로도 이어졌다.

그 자본주의가 20세기에 접어들 무렵 바다를 건너 신대륙 미국의 주인공이 되었을 때, 그 양상은 이른바 저속 기어 혹은 세컨드 기어에서 톱기어로 변했다고 할 수 있다. 그러면서 새로운 시대, 즉 자동차의 세기가 시작되었다.

전기로 달리는 차를 개발해 발전시킨 토마스 에디슨과의 경쟁에서 이긴 헨리 포드는 석유로 추진력을 얻는 내연기관(엔진)을 탑재한 자동차를 대량으로 생산하게 된다(에디슨과 포드는 사실 친구였다. 지금도 자동차는 석유와 전기 중 어느 것으로 움직일지 다투고 있다). 타이밍을 맞추기라도 한 듯 미국 남부의 텍사스에서는 유전이 차례로 발견돼 저절로 시대의 흐름이 정해졌다.

대량 생산된 차 'T형 포드'의 등장과 함께 자동차를 공장 라인에서 끝없이 조립하여 대량으로 생산하는 방식이 만들어졌고, 부자만이 아니라 모든 사람이 자동차를 타는 시대가 도래했다. 자동차 생산의 중심지가 된 디트로이트에서 고속도로망이 미국 전 국토로 뻗어나갔고 그 도로를 따라 디트로이트산 자동차가 끝없이 달렸다.

이윽고 포드를 제치고 세계 제일의 자동차회사가 된 GM(제너럴모터스)이 '미국형 자본주의'의 상징적인 존재가 된다. 엄청난 성장은 매년 계속되었다. 이것이 1960년대의 상황이다.

자동차가 대량으로 만들어지고, 그 차가 팔려나가는 시스템에서 미국형 자본주의의 진면목을 볼 수 있다. 당시 차를 산 구매자는 공장 라인에서 일하는 수많은 노동자였다. 자동차가 많이 팔리면 노동자들의 급여가 늘어난다. 따라서 공장 노동자도 차를 살 형편이 됐다. 그렇게 구매자가 증가하자 공장들은 더 많은 차를 만든다.

자동차는 3만 개나 되는 부품을 조립해 만들기 때문에 덩달아 부품회사도 많아진다. 부품회사 역시 돈을 벌게 되면서, 거기서 일하는 종업원들도 차를 산다. 수요와 공급을 놓고 어느 쪽이 달걀이고 어느 쪽이 닭인지 알 수 없게 된다.

이처럼 주객이 뒤바뀐 현상이 이 무렵부터 시작된 것이다. 그런데 이런 현상을 두고 뭔가 이상하다고 말하는 사람은 아무도 없다. 우리 모두 풍요로워졌기 때문이다. 이상하다고 말할 겨를도 없이 미국은 압도적으로 세계 제일의 경제대국이 되었다.

사치스러운 음식

여기서 소고기 가공업자의 이야기로 다시 돌아가보자. 1950년 대만 해도 미국에는 별로 없던 소가 그 후 왜 대량으로 사육되게 되었을까. 그 이유는 간단하다. 스테이크를 즐겨먹는 사람이 증가하면서 소고기 열풍이 미국을 휩쓸었기 때문이다.

급여로 누구나 차를 사고, 그 차를 타고 레스토랑에 가서 모처럼 스테이크를 주문하여 먹게 된 것이다. 그러다 한 주에 한두 번, 가능하다면 매일 먹고 싶다는 바람을 갖게 된다. 인간의 욕망은 이처럼 끝이 없다.

그러면서 서민들은 '맛있는 소고기가 먹고 싶다'고 생각하기보다는 '소고기를 매일 먹을 수 있으면 행복할 텐데'라고 생각하게 되었다. 소고기 가공업자가 '대량 생산되면서 품질이 떨어졌지만 모두들 신경 쓰지 않았다'고 지적한 것은 이런 배경 때문이다.

취재를 위해 뉴욕을 방문했을 때 우리는 이런 이야기를 들었다.

"두툼하고 큼지막한 소고기 스테이크는 지금 뉴욕에서는 없어서는 안 되는 그 무엇이지요. 축하할 일이 있거나 특별한 날에는 꼭 스테이크를 먹어요. 숯불에 잘 구워진 스테이크는 원래 이탈리아인이 들여온 것입니다."

영화 〈대부〉에 등장하는 마피아 알 카포네가 신문 지면을 장식할 무렵, 그들의 사치스러운 혀와 위장을 만족시키기 위해 이탈리아식 스테이크가 바다를 건너왔다는 것이다. 지금도 이탈리아 피렌체 등지로 여행을 가면 혼자서는 도저히 먹을 수 없을 만큼 큰 스테이크가 숯불에 구워져 스페셜 메뉴로 나온다.

뉴욕에서 마피아가 돈을 펑펑 쓰면서 먹던 특별한 음식을 아메리칸 드림을 이룬 부자들이 즐겨 먹게 되고, 그 풍요로운 생활에 많은 사람들이 동참하면서 어느 사이엔가 뉴욕을 대표하는 음식이 되었다.

풍요를 상징하는 스테이크는 미국 전역으로 퍼져나갔다. 그 수요를 맞추기 위해 소고기를 대량으로 생산하게 된다. 그 풍요의 물결은 다른 나라에서도 일어나 전 세계로 퍼져나갔다.

스테이크 유행의 시작은 마피아!
두툼한 소고기 스테이크는
자본주의가 낳은 풍요를 상징한다.
뉴욕 마피아가 먹던 스테이크를
부자들이 즐기면서 널리 퍼졌다.

자동차와 소고기는 한 세트

제2차 세계대전 이후 급식으로 빵을 먹고 우유를 마시게 된 일본에서도 소고기가 식탁을 점령한다. 일본은 옛날부터 소고기를 즐겨 먹었다. 메이지 유신으로 개화된 이후 그것은 하나의 기호로 변했다. 그러나 소고기가 돼지고기나 닭고기보다 위라는 인식을 일반적으로 갖게 된 것은 태평양전쟁 이후다.

그때까지 교토에서 가장 맛있는 음식으로 꼽히던 '스키야키'에 사용한 식육은 그날 잡은 닭이었다. 맛 때문에 소고기보다는 돼지고기를 선호하던 지역도 많았다. 어떤 고기를 좋아하는 기호 또는 감각은 분명 지역차가 있었다. 같은 나라 안에서도 맛에 대한 가치 판단은 달랐다.

'전원 우향우!'를 지향하는 미국형 자본주의가 그런 개성을 모두 집어삼켰다. 잘 사는 미국을 어떻게든 빨리 따라잡아 풍요로운 생활을 누리고 싶었던 일본은 오로지 우향우로 달려갔다. 라이프 스타일도, 그 근저에 흐르는 가치관도.

돌이켜 보면, 자동차와 소고기는 한 세트다. 자동차는 돈 많은 일부의 사람들이나 타던 것이었다. 그러던 것이 대중화됐다. 전쟁의 화마가 휩쓸고 간 허허벌판에서 어떻게든 일어서야 했던 일본으로서는 자동차 산업이 경제의 견인차였기 때문에 자국민에게 자동차를 팔아야 했다. 미국에서 벌어진 일이 일본에서도 일어난 것이다.

대부분의 일본인은 '가족과 함께 드라이브'를 하고 싶다고 말했다. 좁은 땅덩어리의 나라에서 미국처럼 씽씽 달릴 수도 없는 도로 위에서 얼굴 가득 웃음 띤 가족들이 마이카로 달렸다.

데이트가 곧 드라이브라고 생각하는 젊은이들은 자동차 운전학원에 다녔다. 그리고 애인과의 식사는 무조건 스테이크였다. 그러다 식탁에도 매일 오르게 되면서 소고기는 풍요의 상징이 되었다.

이런 트렌드는 그 후 전 세계로 퍼져나갔다. 이집트는 물론 엘살바도르에도, 그리고 중국에도. 지금은 중국의 작은 지방도시에서까지 소고기볶음이 인기 메뉴로 불티나게 팔리고 있다. 붉은 한자 간판이 즐비한 거리 한 쪽에 스테이크 하우스도 문을 열었다. 와인으로 건배를 하고 나이프로 스테이크를 먹는 선진 음식문화가 자리를 잡기 시작한 것이다. 상황이 이렇게 되면 수입하자는 얘기가 안 나올 수 없고 결국 국제시장에서 소고기 쟁탈전은 과열된다.

미국 곡창지대에서 일어난
농업의 변화

소고기를 먹으려는 사람들에게 더 많은 소고기를 제공하려는 사람들 덕분에 미국 중서부 곡창지대 농가들은 멋진 돈벌이 기회를 잡았다. 그들의 곡물은 소의 사료로 이용되기 때문에 더 많은 곡물을 생산하게 된다. 그러나 제 아무리 땅이 넓은 미국도 미개발 지역은 별로 남아 있지 않다.

그렇다면 어떻게 할 것인가? 급기야 단위면적당 수확량을 높이자는 결론에 이른다. 오랜 세월 땅 속에 지하수를 머금고 있는 대수층에 파이프를 박아 엄청난 물을 경작지에 뿌린다(이로 인해 수자원 고갈을 초래하게 된다. 현재 인도와 오스트레일리아를 비롯해 세계 각지에서 벌어지고 있는 현상이다). 좀 더 효율적으로 수확하기 위해 초대형 콤바인이 도입되고 그 콤바인에 GPS 등 각종 최신기기가 탑재된다.

농가는 수확한 곡물을 조금이라도 비싼 값에 팔려고 매일 시카고 선물시장의 시세를 보며 연구한다. 브라질 대두왕이 요즘 하는 일은 미국 농가들이 10년 혹은 수십 년 전부터 해오던 것이다.

그 와중에 농가도 기업도 품종개량에 힘을 쏟는다. 똑같은 씨앗을 뿌리고도 더 많은 양을 수확할 수 있도록 씨앗 자체를 개량하는 것이다. 이토추 상사의 오키타 과장의 표현대로 1단(300평)당 수확량이 대폭 증가한다. 실제로 현지에서 취재를 하다 보면 기술개발의 실상에 눈이 휘둥그레진다.

실제로 우리는 미국 각지를 취재차 날아다니던 중 텔레비전 광고 하나를 만났다. 씨앗과 제초제를 세트로 사면 농가의 작업 효율이 비약적으로 오르고 수확량도 늘어난다는 광고였다.

흔히 씨앗을 뿌리면 싹이 나와 푸른 잎으로 자란다. 이때 잡초도 같이 자란다. 그런데 잡초를 그대로 방치하면 영양을 잡초에 빼앗겨 수확량에 악영향을 미친다. 따라서 광활한 밭에서 부지런히 잡초를 제거해야 한다.

그러자면 어떻게 해야 할까? 이때 종자와 함께 파는 제초제가 위력을 발휘한다. 제초제를 뿌리면 잡초만 순식간에 마르고 재배하려는 곡물은 제대로 자란다. 어떻게 그런 일이 가능할까? 제초제를 뿌려도 마르지 않는 품종을 유전자 조작으로 개발하면 된다. 이런 게 소위 유전자 변형 작물이다.

GMO의 피해자는 누굴까?

단위면적당 수확량을 높이기 위해
잡초를 순식간에 없애는 제초제를 뿌린다.
그 독한 제초제를 견디게 하려고
유전자를 조작한 작물 을
개발하는 것이다.

벌레도 먹지 않는 씨앗

유전자를 조작하면 믿을 수 없는 효과가 다양하게 나타난다. 우선 수확량이 엄청나게 늘어난다. 놀라울 만큼 벌레에 강한 품종, 다시 말해 벌레도 먹지 않는 곡물이 된다(벌레 유전자가 첨단 테크놀로지에 의해 조합된 것이다). 벌레도 먹지 않는 그 씨앗의 곡물은 여러 형태로 가공되고 최종적으로는 우리 인간이 섭취한다.

씨앗은 거대 종묘회사에서 판매하는데, 매년 최대 수확을 자랑한다. 하지만 농가는 자력으로는 씨앗을 확보할 수 없다. 수확한 곡물을 식용으로 팔 수는 있지만 씨앗을 보관했다가 다음해에 파종하면 싹이 나지 않는다. 이런 품종이 점차 증가하고 있다. 인터뷰에 응해준 소고기 가공업자는 아마 이런 상황을 두고 '산업화된 농업'이라고 말했을 것이다.

우리는 신품종을 개발하는 시설에서 이런 설명을 듣고 뭐라 말할 수 없는 참담한 기분이 되었다. 이 사람들은 무슨 근거로 이렇게 자신감에 차서 품종개량을 추진하는 것일까? 과연 이래도 괜찮을까? 이 정도의 걱정은 마땅히 해야 하는 게 아닐까?

중국 국무원의 청궈치앙 씨도 인터뷰에서 이에 대해 언급했다.

"식량 증산을 위해 중국 국토를 개발하게 되면 환경을 보전할 수 없습니다. 유전자 변형을 포함한 과학기술을 총동원해 수확량을 끌어올리려 할 테니까요. 그래서 어느 정도 절제나 제한이 있어야 합니다."

제작진은 리먼 쇼크의 거품이 터진 미국에서 주택 대출을 권하는 TV 광고를 본 적이 있다.

"대출 있는 사람도 OK, 파산한 사람도 OK, 재판 중인 사람도 OK, 누구든 대출받을 수 있어요!"

제초제 광고처럼 밝고 큰 목소리가 이렇게 유혹하고 있었다. 이런 대출을 이용해 집을 사면 어떻게 될까? TV 광고는 주택 가격이 자꾸 올라 꿈같은 생활을 할 수 있다며 달콤하게 속삭였다.

"그 집을 담보로 대출을 받으면 멋진 자동차도 곧 손에 넣을 수 있습니다."

그러나 생각해 볼 일이다. 주택 경기의 열광적인 거품을 전 세계에서 가장 먼저 경험한 나라가 일본이지 않은가?

'빚을 내어 지금 당장 맨션을 사라. 부동산 가격이 오를 테니 전매하면 된다. 그 돈으로 이번에는 토지가 딸린 단독주택을 사라. 그 다음은, 건물이다. 성공하면 맨션 한 채는 거뜬히 얻을 수

> 유전자를 조작하면 벌레에 강한 품종이 된다.
> 다시 말해 벌레도 먹지 않는 곡물이 된다.
> 그 곡물은 여러 형태로 가공돼
> 최종적으로는 인간이 섭취한다.

있다.'

　이런 식의 듣기 좋은 돈벌이 이야기가 일본에서도 한때 유행처럼 번졌다. 1987년 NHK에 막 입사했던 나 역시 맨션을 사는 게 득이라는 말을 들었다. 뼈아픈 경험을 한 우리에게도 솔깃할 만큼 미국인들은 100퍼센트 자신감에 차 대출붐을 일으켰다. 어떻게 그렇게까지 긍정적일 수 있을까?

미국은 왜 서브프라임 론이라는 대출, 그러니까 돈을 빌려서는 안 되는 사람들에게 대출을 해주면서까지 주택경기를 부풀렸던 것일까?

　그 배경에는 아메리칸 드림 이후의 미국 역사가 반영돼 있다. 자동차를 만들어 팔면서 풍요를 누리게 되자, 곧 이어서 소고기 스테이크를 먹게 된 그 역사 말이다.

　그러나 미국이 세계 최대의 자동차 왕국이던 시대는 지금 내리막길을 달리고 있다. 회전반경도 좁고 휘발유도 많이 먹지 않고 배기가스도 적게 나오는 일본차가 미국 시장을 석권했기 때문이다. 그럼에도 미국인들은 지금까지 누려왔던 풍요를 유지하려고 한다.

미국 내 대부분의 연금을 관리하는 연금기금 캘퍼스(캘리포니아주 직원퇴직연금기금)는 상당히 쇠락했음에도 세계 최대 자동차 회사인 GM에 압력을 가하며 여러 차례 목을 졸랐다. 대주주인 자신(캘퍼스)에게 배당금을 지급하게 하거나 주가를 높임으로써 자금을 확보했다. 그러나 아무리 압력을 가해도 배당금이 나오지 않는 시대로 접어들고 있다.

GM을 비롯한 디트로이트의 '빅3(포드, 클라이슬러)'의 업황도 악화되었다. 미국 제조업의 기세는 점차 꺾였고 종업원 고용을 유지할 수 없어 구조조정이 반복되었다. 수익이 증가했을 때에 만든 연금 적립 시스템조차 감당하기 힘든 상황이 되었다.

이때 나타난 것이 뉴욕 월가의 금융업자들이 내민 '머니'였다. 이른바 기업에 자금을 투입하여 자동차를 만들고 그것을 팔아서 돈을 벌던 시대가 이제는 '돈이 돈을 낳는 시대'로 전환된 것이다.

2000년대 초반 IT산업의 거품이 꺼진 이후 수요가 아니라 '머니'가 제조업을 견인하는 본말전도 현상이 버젓이 활개를 치기

'돈 놓고 돈 먹기' 게임으로 지은 사상누각

실물경제와 동떨어진 머니게임이
세계적 금융위기를 초래하면서
곡물과 육류 시장에까지 악영향을 미치고 있다.

시작했다.

리먼 쇼크 이후 왜 이런 금융위기가 일어났는지를 취재해온 우리는 금융자본주의의 실제 모습이 상상을 뛰어넘을 정도로 추악하다는 것을 확인하게 되었다.

일해서 돈을 번 사람에게 주택을 파는 게 아니었다. 주택을 원하는 사람들이 돈이 없어도 대출을 끼고 살 수 있게 했다. 주택을 일단 손에 넣으면 그것을 담보로 자동차도 사게 한다. 여하튼 구매하는 사람이 증가하면 좋은 일이라면서 자동차회사는 자동차를 부지런히 만든다. 3만 종에 이르는 부품을 생산하는 자동차 부품회사도 다시 활기를 띤다. 대출이 그야말로 산업을 견인한 것이다(그 덕에 일본의 자동차회사도 돈을 벌었다).

이때 당연히 빌린 대출은 갚아야 하지 않을까, 하는 의문이 떠오르기 마련이다. 그런데 금융 전문가들은 이를 어리석은 질문이라며 일축해버렸다. 리먼 쇼크라는 잔치가 끝난 뒤의 모습을 취재해온 우리에게 그들은 "그런 시대가 분명 몇 년 전에 있었다"고만 말했다.

대출 채권은 월가에서 금융공학자들의 숫자놀음에 힘입어 고금리 금융상품이 되었다. 돈을 갚을 수 없을지도 모르는 사람에게 대출해주는 것이기 때문에 이율이 높다. 그 말은 돈이 돌아왔을 때의 금액이 커진다는 의미다. 문제는 돈 떼일 위험이 있다는 점이다. 대출금을 갚지 않아 돈을 떼이면 이자는커녕 원금조차 받을 수 없으니 큰 손해를 입을 수 밖에 없다. 그 문제를 그들은 '어떻게든' 했다.

양적완화^{quantitative}라 불리는, 대출 채권을 조합하여 만든 금융상품으로 리스크를 분리해 담았던 것이다. 불순물로 가득한 탁한 물에서 불순물을 바닥에 가라앉히고 분리한 뒤에 위쪽의 맑은 물을 마시는(결국 안전한 금융상품으로 파는 것) 방법이었다.

마법이라 할 만한 연금술이었다. 그러나 마법은 괴물의 가죽이 벗겨지고 붕괴하면서 역회전하기 시작했다. 오랜 세월 상승해온 미국의 부동산 가격이 마침내 절정에 이른 뒤 하락세로 돌아섰기 때문이다. 계속 오른다는 신화는 영원하지 않았던 것이다.

하지만 이후에도 사람들은 반성하지도, 행동을 멈추지도 않았다. 머니가 저질러 놓은 실패를 무마하려는 뒤치다꺼리가 시작되

었다. 도산 혹은 도산 직전의 금융기관에는 거액의 공적자금이 투입되었다. 금융 당국에 의한 양적 금융완화가 곧바로 시행돼 시장에는 공짜나 다름없는 돈이 흘러들었다. 금융위기의 상처가 상대적으로 가벼웠던 중국과 완화 자금이 대량으로 유입된 신흥국에서는 경기가 확대되었고 리먼 쇼크 이후의 세계경제를 견인했다. 그러나 그 기폭제도 말을 듣지 않게 되었다.

지금 우리가 보고 있는 상황이 그런 국면이라고 할 수 있다. 리먼 쇼크 후 유럽을 엄습한 그리스 위기는 ECB(유로중앙은행)나 IMF(국제통화기금)가 지원해도, 그리스에서 총선거가 거듭되어도, 출구를 찾을 수 없었다. 높은 경제성장을 이어온 중국 경제도 드디어 호흡이 가빠졌다.

그렇다면 세계경제가 혼란에 빠지기 시작한 지금의 국면을 우리는 어떻게 건너면 좋을까? 소고기덮밥용 소고기 시장에서 일어나는 이변의 끝에 무엇이 도사리고 있을지 찾아나선 우리는 그 답이라고 할 수 있는 것과 만났고, 마침내 단단한 장벽 앞에 서고 말았다.

중국을 취재하는 우리 앞에 여러 차례 나타났던 소고기 수입업자와 소고기 가공업자, 스테이크 하우스 사장……. 그들은 오랫동안 거국적인 노력을 통해 중국이 세계의 공장으로 발돋움하기까지 선봉에 섰던 사람들이다. 유럽에 기계나 화학제품을 파는 사업이 난항에 빠지자 그들은 식육이나 곡물 같은 먹을거리의 세계로 발을 들여놓았다. 이 분야라면 아직 성장할 여지가 있다고 판단했기 때문이다. 실제로 매출규모가 이전 비즈니스를 불과 몇 년 만에 추월했을 만큼 꿈같은 비즈니스다.

주식도 채권도 앞으로 어떻게 될지 모르는 불투명한 시대에 브라질에서 눈에 띄게 성장을 이뤄낸 것이 있다. 바로 콩밭을 두고 하는 말이다. 농지라도 개척하자는 생각에서 미개척 초원으로 흘러든 농가들이 어느 사이엔가 '대두왕'으로 성장했다. 생산하는 대로 모조리 팔리기 때문에 밭을 넓힐수록 돈이 되는 분야가 아직 세상에 있는 것이다.

20세기 초 미국에서 시작되어 세계로 널리 퍼져나간 '강욕 자본주의'에는 큰 특징이 있다. 막다른 곳에 몰려도 절대 그만두지 않는다는 것이다. 정확히 말하면, 일단은 그만두지만 곧 다른 방향으로 더욱 키운다. 그런 식으로 사태를 타개하여 경제성장을 회복한다. 그리고는 무한을 목표로 내세운다.

돈으로 돈을 낳는 시스템이 마각을 드러낸 현재 상황에서 자본주의는 어떤 방향으로 나아갈까?

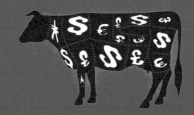

제5장

소고기와 곡물세계를 뒤흔드는 돈

제트코스터처럼 요동치는 콩 가격

출장지 호텔에서 콩의 가격 변동 그래프를 응시해야 하는 게 상사 직원들의 삶이다. 이토추 상사의 콩 수입팀을 이끄는 오키타 마사히코 과장은 지금 후쿠오카로 출장을 왔다.

백숙에 곱창전골, 복어, 히로타 라면······ 출장 온 사람에게는 그야말로 미식천국인 후쿠오카다. 그럼에도 오키타 과장은 식사를 서둘러 마치고 곧장 호텔로 향했다. 방에 들어와 샤워를 한 그는 부하직원 니시이 도오루 과장대행과 함께 스마트폰과 컴퓨터를 연결했다. 브라질 지사의 마에다 겐야 씨와 국제통화를 하기 위해서다.

그날 미국농무부[USDA]에서 콩 작물에 관한 모종의 발표가 있었기 때문이다. 미국 곡창지대에서 생산되는 밀, 옥수수, 콩은 수확하기 전에 정기적으로 작황 보고서를 발표한다. 이날은 오랫동안 세계 각국과 선물시장이 주목해온 '특별한 날'이다.

강수량이 적어 흉작이 예상되면 곡물 생산량이 줄기 때문에 쟁탈전은 뜨거워진다. 반대로 비가 순조롭게 내려 대풍작이 되면 곡물 가격이 하락하기 때문에 그에 맞는 대응이 필요하다.

이럴 때 라이벌들은 어떻게 나올까? 선물시장의 가격변동을 살피면서 냉철히 분석하지 않으면 안 된다. 발표 직후 시장이 크게 움직이거나 매매가 왕성하게 이뤄지기도 한다. 그러므로 때를 놓치면 큰일이 벌어질 수도 있다.

두 사람은 컴퓨터로 콩의 가격 그래프를 열었다. 오키타 과장은 도저히 믿을 수 없다는 듯한 표정을 짓고 있다. 사실 최근 몇 년간 납득할 수 없는 상황이 벌어질 때가 많았다고 한다.

오키타 과장이 그래프를 손가락으로 가리키면서 그 이상한 가격 변동에 대해 이야기하기 시작했다. 그가 가리키는 막대그래프는 조금 상승하다가 돌연 급상승했고, 그 후 급하게 하강곡선을 그리고 있었다.

"차근차근 오르다가 갑자기 급상승하는 것이 마치 제트코스터 같습니다."

재미있게 표현한 것이지만, 일본으로 콩을 수입해야 하는 막중한 책임을 맡고 있는 그의 가슴은 타들어갈 것이다.

"반년쯤 이런 상황이 계속되고 있습니다. 아무리 생각해도 이상합니다."

콩을 사는 사람과 파는 사람의 움직임만으로는 도저히 납득하기 어려운 폭등과 급락이 반복되는 걸로 봐서 '머니 흐름'이 사납게 요동치고 있는 것이다.

"가격이 날뛰어야 돈이 됩니다"

곡물 등의 상품 가격에 큰 영향을 미치는 미국 시카고상품거래소. 이곳이 투기자금으로 일그러져 있다는 지적을 받아온 것은 이미 몇 년 전부터다. 당시 전 세계 투기자금으로 인해 가격이 급등하고 있는 상황을 세계에 알린 것은 원유였다. 결국 투기자금의 움직임이 석유를 사용하는 전 세계 사람들의 생활에 영향을 미치게 된 것이다.

2004년 석유가 1배럴에 50달러 선을 돌파하면서 일본에서 큰 소동이 벌어지자 우리 <NHK 스페셜> 팀도 취재에 들어갔다. 그후 비슷한 상황이 구리와 철 같은 금속과 옥수수, 콩, 밀 같은 곡물, 나아가 소고기 시장에서도 벌어지고 있었다.

그러나 커모디티 선물시장은 주식이나 채권과는 달리 현물이기 때문에 한계가 있고 시장규모도 작다. 세계를 돌고 도는 거액의 자금 측면에서 보면 단지 작은 시장에 불과하다. 따라서 본격적으로 자금을 투입하면 곧바로 오르거나 내린다. 거꾸로 말하면 자금이 본격적으로 투입될 정도의 시장이 아니라는 말이다.

그렇다면 소고기가 2014년 9월 역대 최곳값을 갱신했던 상황은 어떻게 봐야 할까? 콩은 최근 1, 2년 사이에 값이 절정을 지나면서 폭등세가 잦아든 것처럼 보이지만 극심한 변동은 여전히 이어지고 있다. 이를 어떻게 설명해야 할까?

최근 1, 2년간 고기나 곡물 등 식품 분야의 선물거래에서 일어나고 있는 급등과 급락은 이전과 비교하면 그 차원이 다르다. 거기에는 그럴 만한 이유가 있다.

2008년 리먼 쇼크 이후 주식·채권·금융파생상품의 투자 시스템은 붕괴 양상을 띠게 됐다. 그 후 돈의 거친 물결이 커모디티(상품)로 흘러들어 비정상적인 상황이 초래되고 있는 것이다. 그렇다면 어디까지가 현물의 세계이고, 어디부터가 돈의 세계인가? 우리는 그것을 밝히고 싶었다.

2015년 새롭게 개설된 커모디티 선물시장이 있다. 중국 다롄의 선물거래소다. 우리는 서둘러 그곳으로 달려갔다. 여기서 일하는 젊은 직원들이 입을 모아 "존경한다!"고 말하는 사람이 짐 로저스다. 그는 중국에 해외 자금을 투입하는 데 앞장선 사람이다. '돈의 선교사'라 할 만한 그를 다롄 선물거래소의 젊은이들은 글자 그대로 숭배하고 있었다.

우리는 다롄에서 투기자도 취재했다. 이들은 낮에는 샐러리맨으로 일하고 밤에는 자기 방에서 컴퓨터 앞에 앉아 꼼짝도 하지 않는다. 콩, 밀, 옥수수 선물시장의 그래프를 화면에 띄워 놓고 한없이 응시한다. 그래프의 선이 움직이는 상황을 보면서 기회를 포착해 매수와 매도를 거듭한다.

그에게는 거래 품목이 밀이든 콩이든 상관없다. 커피도 카카오콩도 마찬가지다. 그러고 보니 2014년 무렵부터 카카오콩의 가격이 급등하여 일본에서도 초콜릿 값이 인상된 적이 있었다.

우리가 취재한 그 투기자들은 계속 오르는 그래프만 따라 다니는 것은 아니라고 말했다.

"우리는 오히려 가격 변동이 있기를 바랍니다. 값이 위아래로 출렁이길 바라지요. 제트코스터를 타듯이 심하게 오르내릴수록 수익이 올라가기 때문입니다."

이런 투기자가 생겼다는 것은 먹을거리를 투기 대상으로 보는 분위기가 중국에도 팽배해 있다는 것을 보여준다. 사실 먹을거리를 타깃 삼아 수익을 올리는 것은 투기의 세계에서는 상식이다. 이미 리먼 쇼크 전부터 있어 왔던 그 상식이 글로벌리즘을 타고 전 세계로 확대된 것에 불과하다.

우리는 그 바람 속에 이질적인 무엇이 있지 않을까 생각했다. 그리고 취재를 진행하는 동안 그것은 전혀 차원이 다른 사태라고 분명히 말하는 투자가와 만날 수 있었다.

월가가 세계를 바꿔 놓았다

미국 유수의 휴양지, 플로리다. 우리가 만난 그 투자가의 본거지다. 늘 여름인 이 낙원 같은 곳의 해변에는 나이 먹은 부유층들의 모습이 종종 눈에 띈다. 카메라가 다가가자 그들은 손을 흔들며 환성을 지른다. 대담한 수영복에 햇볕에 그을린 피부를 당당히 드러낸 채 파도가 일렁이는 모래밭을 걷는 노부부도 있다.

우리는 그 투자가의 사무실로 향했다. 현관에 들어서 긴 복도를 따라가자 여러 대의 모니터가 놓인 넓은 방이 나타났다.

고령의 남자가 모니터 화면을 바라보고 있었다. 스탈레 하 씨다. 커모디티 분야의 프로 투자가로 40년 경력을 자랑한다. 독실한 유태교 신도인 그는 유태교 축제일에는 일을 하지 않고 기도를 올린다고 한다.

우리가 그를 처음 만난 것은 몇 년 전이다. 2007년 11월에 <NHK 스페셜>로 방영된 <펀드 머니가 먹을거리를 조종한다—곡물 값 급등의 뒤에서>의 취재와 촬영에 응해주었던 투자가다.

우리가 먹을거리를 둘러싸고 벌어지는 매우 이상한 현상을 취재하게 된 것은 당시보다 2년 앞서 일본에서 빈발했던 금속 도난 사건 때문이었다. 한적한 곳에 둘둘 말아두었던 몇 톤의 전선이 통째로 도난당하고, 마을과 떨어진 사찰 지붕의 동판이 하룻밤 사이에 사라진 기괴한 사건이 일어난 것이다.

그 원인을 알아내기 위해 취재한 적이 있었는데 이유는 매우 단순했다. 시장에서 금속 가격이 급등했기 때문이었다. 금속을 비싸게 팔아 돈을 벌 수 있었던 것이다.

당시 취재를 지휘한 PD가 미국의 곡창지대로 건너갔다. 옥수수 밭 안에는 큰 공장이 즐비했다. 옥수수를 발효시켜 만든 알코올을 자동차 연료로 제조하는 바이오에탄올 공장이었다. 그때는 부시 대통령이 일으킨 이라크 전쟁이 한창일 때였다. 그 바람에 미국에서 원유 조달이 어려워졌던 것일까?

사람들의 불안 심리는 증폭되고 있었다. 특히 원유 값 폭등으로 호된 경험을 했던 사람들 사이에 위기감과 불안감이 퍼졌기 때문에 그 분야에 투자를 하면 돈을 벌 것 같은 분위기였다.

'바이오에탄올이 유행할 것 같으니 우리도 참여하자. 돈을 벌자. 옥수수를 에탄올 공장에서 대량으로 소비하면 먹을 양이 부족해져 값이 오르지 않을까?'

에탄올로도, 식료와 사료로도, 어느 쪽으로든 돈을 벌 수 있을 테니 투자가로서는 더 바랄 나위가 없었다. 하지만 이는 누군가에 의해 만들어진 시나리오일 뿐이었다.

시장에 기생하는 존재들

스탈레 하 씨는 자신의 사무실을 보여주었다. 조용한 분위기 속에서 그는 컴퓨터 앞에 앉아 클릭 한 번으로 매수와 매도를 한다. 때때로 수억 엔 규모의 큰돈을 벌기도 한다. 컴퓨터 화면으로는 시장 변동 그래프와 숫자, 곡물의 작황 예상에 결코 빠뜨릴 수 없는 상세한 기상정보, 세계지도와 태풍의 구름 움직임까지 볼 수 있다.

거기에 각국의 정치 정세까지도 살폈다. 산유국인 이란에서 군사적인 움직임이 있었다는 소문까지도 재빠르게 정보 차원에서 수집한다. 라이벌보다 한 걸음 앞서 시장을 읽어낸 다음 매수에 나서기 위해서다. 그러고는 곧 뒤따라 매수에 나선 사람에게 되팔아 수익을 남긴다.

일하는 스타일은 예나 지금이나 변함이 없다. 그가 일하고 있는 모습을 직접 보고 있으면 실제 현물 거래와는 아무 상관없는, 그야말로 시장에 '기생하는' 존재 같다. 그러나 그는 "나 같은 프로 투자가가 선물시장에 없으면 안 된다"며 당당히 말했다.

"현물 거래를 하는 사람의 매수·매도만으로는 리스크를 끌어안는 시장 기능이 작용하기 어렵거든요."

그렇다면 선물시장에서는 대체 무슨 일이 일어나고 있는 것일까?

플로리다에 있는 그의 사무실을 방문했을 때 스탈레 하 씨는 40년간 생필품(커모디티) 투자로 일관해온 자신의 반생애를 돌아보면서 지금의 상황을 이렇게 설명했다.

"먹을거리에 관한 수요를 장기적으로 분석해 보면 연간 2퍼센트씩 증가하고 있습니다. 1970년대나 80년대와 비교하면 대수롭지 않지요. 닭고기 1파운드를 생산하는 데 필요한 곡물은 2파운드, 돼지고기는 4파운드, 소고기는 5~6파운드 됩니다. 따라서 소고기의 소비가 증가하면 대두박과 옥수수는 더 많이 필요해집니다."

곡물시장은 작은 그래프 같은 것

스탈레 하 씨가 이 세계에 발을 들여놓은 것은 1977년이다. 스탠포드 대학 비즈니스 스쿨을 나와 곡물회사에 취직한 것이 계기였다.

그가 일하던 동서 냉전 시대에 미국의 곡물을 대량으로 구입한 곳은 놀랍게도 구소련과 동유럽 국가들이었다. 냉전이 끝나자 그 시장은 사라졌다. 그 대신 등장한 것이 중국이다. 이때 시작된 중국의 경제성장은 궁지에 몰려 있던 미국의 곡물 생산자나 기업에겐 구세주였다.

그는 이스라엘의 식품 수출업체, 주식 거래를 하는 증권회사에서 일하다, 연금기금을 다루는 브라질 은행의 합병에도 관여했다. 그런 경험을 쌓으며 능력을 인정받은 그는 선물시장, 그중에서도 농업상품 선물시장의 투자가로 일했다. 2004년에는 마침내 투자에 특화된 자신의 회사를 설립했다.

우리는 그에게 현재 시장에서 이변으로 꼽을 수 있는 것이 무엇인지 물었다.

"유한한 것이 무시당하고 있다는 점입니다."

그는 선문답처럼 이렇게 답했다.

"선물시장에 참여한 사람들이 체결한 선물계약에는 상품의 유한 기한이라는 것이 있습니다."

맞는 말이다. 예를 들어, 콩의 경우 씨앗을 뿌려 성장할 때까지 얼마만큼의 수확량이 나오고 어느 선에서 가격이 형성될지 예상하고서 선물거래를 한다. 그러나 수확을 하고 나야 수확량이 확정된다. 콩은 두부가게로 가게 되고 소비자가 그것을 먹어 버리면 콩은 사라진다. 끝이 있으니 유한하다는 얘기다.

"특히 곡물시장이 그렇습니다. 설탕, 커피, 카카오도 마찬가지죠. 말하자면 그것은 '작은 그래프'입니다. 소비자와 생산자, 시장을 숙지하고 있는 투자가 등 소수만의 그래프이지요. 이들은 수요와 공급의 추이를 스스로 파악하고 시장의 함정도 잘 알고 있습니다. 그런 것들이 몸에 익은 사람들이 선물거래를 하면 실수요의 세계에 일종의 시그널로 작용합니다."

그는 또 경고의 말도 덧붙였다.

"비싸다는 것은 부족하다는 뜻입니다. 따라서 생산자는 더 많이 수확하려 하고 새롭게 농지를 개척하려고 하지요. 반대로 싸다는 것은 남는다는 것입니다. 무리하면서 서둘러 농지를 개발할 필요가 없는 것이지요. 그런데도 요즘은 이 같은 시장의 정상적인 기능이 사라졌습니다."

그는 또 이렇게 말했다.

"아마추어들은 우리가 무엇을 하고 있는지 전혀 알지 못합니다. 시장이 어떻게 움직이는지도, 이런 사태가 계속될 때 어떤 일이 일어나는지도 모르지요. 문제는 그런 사람들에게도 시장이 열려 있다는 것입니다."

인덱스 펀드라는 악동

비즈니스가 성장하고 시장이 확대될수록 주식의 세계는 한 방향으로만 움직이는, 상한이 없는 세계로 돌입하게 된다는 것이 그의 설명이다.

"상장지수펀드^{Exchange Traded Fund·ETF}는 니케이 평균주가지수 또는

다우선물지수처럼 몇 개 기업의 주가를 한데 모아 지표화해서 금융상품으로 파는 투자신탁입니다. 먹을거리에도 이런 시스템이 도입된 겁니다. ETF는 원래 연금기금 등 리스크 없이 안정적으로 이자 수익을 얻고자 하는 기관투자가의 요구로 개발된 것인데 말입니다."

문제는 하나의 바구니에 밀, 콩, 카카오, 원유를 담아서 한꺼번에 지표화한 금융상품으로 만들었다는 점이다. 때문에 각 상품의 가격 상승과 하락이 상쇄되고, 가격이 오르는 방향으로만 흘러가는 경향이 생긴다.

물론 금융상품을 산 투자가들은 적당한 각도로 상승하기를 원하고, 파는 쪽도 그렇게 되기를 바란다. 그렇게 되다 보면 상한이 없어지고, 실수요를 나타내는 신호도 사라져 버린다는 것이 그의 지적이다.

그는 지금 세계가 위기 상황에 직면해 있으며, 이대로 방치하면 무시무시한 인플레이션이 덮쳐올 것이라고 확신하고 있다.

"미국, EU, 일본에서 이뤄진 양적 완화로 시장에 흘러넘친 돈이 점차 생필품 선물시장으로 유입되면 엄청난 인플레이션이 반드시 일어날 것입니다."

그는 자신이 젊은 시절 브라질에서 실제로 겪었던 무시무시한 인플레이션의 공포를 들려주었다.

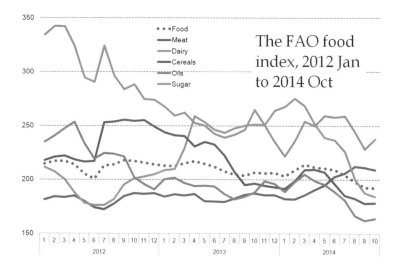

유엔식량농업기구(FAO)가 국제시장에서 거래되는 식품 가격의 추이를 살펴보기 위해 고안한 지수 그래프.

"레스토랑에 들어가 스테이크를 주문할 때의 가격과 고기가 막 구워져 나올 때의 값이 완전히 달라지더군요."

ETF는 리먼 쇼크 전에 등장한 지극히 일반적인 금융상품이다. 이것만으로는 리먼 쇼크 이후에 나타난, 눈을 의심할 만한 이상 사태를 설명하기 어렵다. 첫 인터뷰에서 그는 현재의 금융구조에 대해 열변을 토했지만, 우리가 알고 싶었던 핵심 사안은 아니었다. 어디까지나 시장의 과열과 변질을 지적하는 설명에 그쳤을 따름이다.

그로부터 몇 개월 뒤 그를 다시 찾아가 "이 사태가 왜 일어난 것인가?"를 집요하게 묻자 마음을 굳힌 듯 말문을 열었다. 지금껏 본 적 없는 실의에 찬 표정이었다.

"인덱스 펀드는 용납할 수 없는 금융상품입니다. 이 금융상품은 선물시장에 얼마든지 투자할 수 있습니다. 이는 잘못된 생각입니다."

인덱스 펀드는 늘 오르기만 한다?

늘 차분하고 냉정하던 그가 어째서 '용납할 수 없다'거나 '잘못 되었다'는 단호한 표현으로 이 상황을 비난하는 것일까? 우리는 좀 더 상세히 물었다.

"선물시장의 규칙을 깨고 있기 때문입니다."

그는 강한 어조로 답했다.

원래 생필품 선물시장에 참가할 수 있는 사람은 투자 전문가들 뿐이다. 게다가 투입하는 자금에 상한선이 정해져 있어 곡물이나 원유 같은 현물 가격이 끝없이 치솟을 수 없는 구조다.

그런데 인덱스 펀드에는 이런 제한이 없다. 이를 테면 콩 등의 시세 동향, 다시 말해 가격 변동 요소만을 끄집어내 금융상품을 만들고서는 투자금을 모집한다. 연금기금 같은 기관투자가나 개인투자자가 주식이나 채권에 투자하는 것처럼 인덱스 펀드에 자금을 넣는다. 그 결과, 선물시장에 점차 자금이 유입되고 시장은 과열되다가 폭등한다.

우리는 투자자를 모집하는 인덱스 펀드의 설명서, 즉 투자 지침서 여러 개를 살펴봤다. 원유와 곡물, 나아가 금의 시세 변동 그래프를 조합하여 만든 금융상품임을 알 수 있었다. 그러나 전혀 성격이 다른 상품을 조합해 놓았다. 그래서 이상기후로 곡물 시장이 무너져도 그 영향을 다른 상품의 그래프로 완화시켜 지표 전체는 지속적으로 상승하는 효과가 있는 것이다.

인덱스는 늘 오르기만 한다. 게다가 주식이나 채권과 달리 생필품 시장과 연동하는 경향이 강하다. 채권도 상품도 오르기 시작하면 일제히 오르고, 내리기 시작하면 이것저것 모두 내려간다. 주식과 채권을 믿을 수 없어 상품에 돈이 유입되는 구조로 인덱스 펀드를 만들었으나 결과는 똑같이 되어버린 것이다.

식품만 모아놓은 인덱스 펀드의 투자 지침서도 있었다. 첫 장에 콩^{Soybeans}, 밀^{Wheat}, 생우$^{Live\ Cattle}$, 사육소$^{Feed\ Cattle}$라는 말이 보인다. 종이 서류의 두께는 무려 몇 센티미터나 될 정도로 두툼하다. 두께

만으로도 이 상품이 얼마나 신뢰할 만한 것인지를 웅변하는 것 같다. 맨 첫 장에서는 '153,772,875'라는 큰 숫자를 보란 듯이 내세우고 있다. 1억5377만여 구좌나 모집했다는 것이다.

그렇다면 스탈레 하 씨가 아마추어라고 말한 투자가들은 대체 어떤 기대를 품고 자금을 투자했을까? 이 금융상품에 투자한 것이 연금기금이었다면 훗날 기금이 불어나길 기대한다. 금융상품의 값도 당연히 오르길 바란다. 그런데 이 금융상품에 자금을 투입하면 그 상품을 구성하는 콩, 밀, 소고기 시장의 가격을 끌어올린다. 결국 값을 올린다. 선물시장의 소고기 시세가 사상 최고치를 찍게 되는 숨은 계략이 돌연 모습을 드러내는 것이다.

월가는 누구보다 앞서 엄청난 자금을 흡수해 이율을 높이는, 새로운 방식의 금융상품을 개발해내는 연금술사들의 경연장이다. 생필품 인덱스 펀드도 세계 금융의 중심지인 뉴욕의 월가에서 개발되었다. 리먼 쇼크라는 세계 금융위기를 일으킨 범인은 저소득자를 대상으로 한 서브프라임론인데, 이 상품을 만들어낸 곳 역시 월가다.

또한 돈을 빌린 뒤 갚지 못하는 위험을 미연에 막고 보험적인 기능까지 보완하여 돈을 불리려는 전 세계 투자가들로부터 끝없이 자금을 끌어내기 위해 CDO(부채담보부증권)나 CDS(신용부도스와프)라는 불가사의한 파생 금융상품을 만들어낸 곳도 다름 아닌 월가다.

월가가 생필품 인덱스 펀드를 개발한 것은 리먼 쇼크 이전이지만 그것으로 돈을 벌 수 있다며 투자에 열을 올린 것은 리먼 쇼크 이후다. 금융위기의 깊은 상처를 딛고 다시 일어서기 위해 미국과 EU 그리고 일본이 양적 완화 조치를 취함으로써 이 시장에 '완화 머니'가 유입된 것이다.

도깨비 방망이처럼 자금을 불린다

우리 취재팀은 실제로 인덱스 펀드를 만들어 자금을 모집하는 투자사 중 한 곳인 인베스코를 취재했다. 우리가 안내된 곳은 머니 자본주의를 취재할 때 여러 차례 방문했던 딜링룸이다.

"또 여기를 오게 되는구나"라는 생각이 뇌리를 스쳤다. 다양한 그래프를 보여주는 최신 모니터와 키보드와 전화기……. 날카로운 눈빛의 금융맨들이 수화기를 어깨와 목 사이에 끼우고 키보드를 두드리면서 끊임없이 대화를 나누고 있었다.

안내자는 모니터를 손가락으로 가리키면서 설명했다.

"다른 여러 금융상품과 조합할 수도 있고, 폭넓은 분야에 투자할 수 있는 멋진 금융상품이지요."

이런 투자회사나 증권회사의 인덱스 펀드를 통해 미국 선물시장에 유입된 돈의 총액은 2015년 1월 현재 17조 엔(194조 원)에 이른다. 여기에는 우리의 돈도 어떤 형태로든 들어 있을 것이 분명하다.

최근에는 자산 운용 결과에 따라 연금급부액이 변하는 확정거출형연금(401K) 등도 많아졌다. 어디에 투자할 것인지 자신이 판단해야 하므로 책임도 자신이 진다.

그러나 투자처에 관한 설명서를 아무리 읽어도 대부분의 사람은 그 내용을 모른다. 투자금이 다양한 형태로 분산-조합되기 때문이다. 이런 과정을 거듭 반복함으로써 리스크를 가급적 줄이려는 것이다. 가능한 이윤을 안정적으로 얻겠다는 차원에서 이른바 끝없이 그 조합을 세분해 놓는 것이다. 따라서 초보자는 내막을 알 수 없다. 아무튼 이런 방식으로 초보자들의 돈이 모이면 엄청난 거액의 자금이 되어 커모디티 시장으로 흘러들어온다.

나 역시도 연금이 불어나기를 바라는 사람이다. 그러니 도깨비방망이처럼 자금을 키워주는 이 금융상품은 실로 고마운 존재임에 틀림없다. 솔직히 그렇게 생각한다.

그러나 다음 순간 정말로 괜찮은 걸까, 하는 걱정이 밀려온다. 우리가 투자한 돈이 곡물이나 식육 시장으로 흘러들어가 그 가격을 끌어올리는 게 아닌가.

아닌 게 아니라 현재 큰일이 벌어지고 있다며 소리 높여 경고하는 단체도 있다. 미국의 빵 생산업자들이 만든 단체다. 수도 워싱턴에 있는 그 사무실을 방문하자 갈색 머리를 깔끔하게 정돈한 로브 맥키 씨가 우리를 정중히 맞았다. 사무실에는 밀이 꽃병에 담겨 있었다. 그는 이렇게 말했다.

"인덱스 펀드가 선물시장에 들어옴으로써 밀의 시장가격이 37퍼센트나 뛰었습니다. 인덱스 펀드를 통해 마구잡이로 이익을 얻으려는 투기적인 움직임을 한시라도 빨리 규제해야 합니다."

이런 비판에 대해 월가의 금융기관들이 만든 단체는 빤한 반박을 한다. 규제하면 오히려 시장이 혼란에 빠질 것이라고 말이다. 아직 결론은 나오지 않은 것이다.

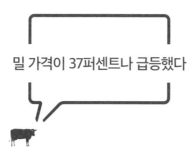
밀 가격이 37퍼센트나 급등했다

곡물 등의 선물시장에서 전문적으로 투자해온 스탈레 하 씨는 업계 내의 여러 시스템에 대해 설명해주었다. 대형 증권사의 트레이더는 '무엇을 얼마에 사서 보유하고 있는지', '장기적으로 보유하고 있는지 혹은 단기로 보유하고 있는지'를 보고할 의무가 있다는 것이다.

그는 인덱스 펀드의 백분율도 보여주었다.

"옥수수는 17퍼센트, 콩은 9퍼센트, 밀은 더 많군요. 확실히 밀은 문제가 있습니다."

인덱스 펀드의 숫자에 대해서는 실로 세밀한 부분까지 파악하고 있었다.

"대두유는 15퍼센트, 대두박은 최근 2개월간 등락이 극심해서 인덱스 펀드로 9퍼센트, 투기로 12퍼센트의 자금이 유입되었습니다. 양쪽을 더하면 21퍼센트나 됩니다."

그는 다시 선물시장의 본래 역할을 강조하면서 이렇게 말했다.

"지금까지 이 시장에 없던 존재가 시장을 파괴하고 있습니다."

그는 실제 사례를 들어 설명했다.

"약 2년 전 인도에서 극심한 양파 부족 사태가 벌어졌습니다. 왜 그런 일이 일어났을까요? 미국에는 양파의 선물시장이 없습니다. 그래서 문제가 방치되거나 확대된 것은 아닐까요? 신호를 보내는 시장이 존재하지 않으면 현물 세계도 불이익을 입게 되는 것이지요."

그는 최근 시장을 망치는 가장 우려할 만한 존재를 꼬집어 지적했다. 바로 컴퓨터로 이뤄지는 자동적인 초고속 거래였다. 시세 그래프가 오르락내리락 하기 시작하면 컴퓨터가 자동적으로 반응해 몇 분의 1초 꼴로 매수와 매도를 반복한다. '작은 이익×무한 횟수＝큰 이익'을 목표로 하는 거래다. 대형 금융기관이 시장 밖에 고속거래(하나의 거래가 10억분의 1초의 빠르기로 이뤄진다) 전용 설비를 잇달아 갖추고 있는 것도 그 때문이다.

스탈레 하 씨는 무의미한 열광 때문에 이런 사태에 빠지게 됐다고 말했다.

"미국 농무부의 주요 보고서 발표 전후에 '1부셸＝20센트'라는 무의미한 가격이 인상되거나 혹은 인하됩니다. 수치를 발표한 2분 뒤에는 미국 국채도, 단기금리 선물도, 오늘 농무부가 발표한 콩 차트와 같은 패턴이 됩니다."

　　　　　" 시장을 망치는
가장 우려할 만한 존재는 컴퓨터다.
컴퓨터로 이뤄지는
자동적인 초고속 거래는
몇 분에 1초꼴로 매수와 매도를 반복한다.
'작은이익×무한횟수=큰 이익'만이 목표다.
　　　　　　　　　　　　　　"

손실은 오로지 서민의 몫

눈앞의 모니터에는 콩 차트가 표시되어 있었다. 이토추 상사의 오키타 과장이 후쿠오카의 호텔에서 봤던 '정상적이지 않은' 그래프다.

스탈레 하 씨는 열변을 토하듯이 말했다.

"통상 10분 혹은 30분, 늦어도 그날 안에 정부가 발표한 보고서의 영향은 완전히 사라집니다."

컴퓨터에 맡기면 순식간에 이익을 얻는 편리한 시스템 때문에 자동매매가 쇄도함으로써 시장도 움직인다. 가격이 오르면 인덱스 펀드에 자금을 넣은 투자가는 기쁠 것이다. 그러나 그렇게 누군가가 얻은 만큼 누군가는 손해를 본다. 먹을거리는 주식과 달라서 계속 오른다고 마냥 행복해할 수 없는 분야다. 현물 세계와 장부 맞추기가 필요하기 때문이다. 문제는 여기서 손해를 보는 게 대부분 서민이라는 점이다.

서민 생활에 직접적인 영향은 없는 것일까? 우리는 뉴욕 다운타운에 있는 슈퍼마켓으로 취재를 나갔다. 식육 코너에는 깔끔하게 자른 소고기가 팩에 담겨 진열되어 있었다. 그러나 몇몇 사람이 소고기 팩을 손에 들었다가는 다시 내려놓았다.

그 고객에게 왜 주저하는지 물었다. 최근 가격이 올라서 예전처럼 마음 놓고 먹을 수 없기 때문이란다. 이 슈퍼마켓에서 팔리는 소고기 값은 지난 1년간 20퍼센트나 올랐다.

"옛날에는 매일 먹었는데 점차 소고기를 먹을 기회가 줄어드네요. 슈퍼마켓인데도 값이 비싸요."

아이를 데리고 온 어머니가 씁쓸히 말했다. 연금생활자로 보이는 한 할머니의 대답도 마찬가지였다.

"소고기는 맛있지만 너무 비싸서 손이 가지를 않아요. 돈이 없다보니."

이 할머니는 결국 소고기를 포기하고 닭고기 코너로 가서 닭고기 팩 하나를 쇼핑백에 담았다.

이것이 서민들이 처한 현실이다. 이런 현실이 일본에서는 일어나지 않을 거라고 장담할 수 있을까?

제 **6** 장

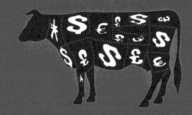

글로벌 자본주의라는 천국과 지옥

뉴욕의
노숙자들

2014년 12월 크리스마스를 앞둔 뉴욕의 거리에는 화려한 크리스마스 장식이 걸려 있었다. 록펠러센터 앞에서는 늘 그렇듯 거대한 크리스마스트리가 빛나고 있었다. 인근 고급 스테이크하우스는 매일 손님들로 가득했다. 뉴요커들은 잘 숙성시킨 고기를 즐기는 미식가들이다. 그들은 한 접시에 1만 엔(약 11만4000원)이 넘는 스테이크를 거리낌 없이 주문했다. 대화를 나누면서 어떤 사람은 T본 스테이크를, 어떤 사람은 등심 스테이크를 나이프로 잘라 입에 넣었다.

2008년 리먼 쇼크로 곤두박질쳤던 미국 경제는 멋지게 부활했다. 금융위기 직후 FRB(연방준비제도이사회)가 주저 없이 금융완화에 발 벗고 나섰기 때문이다. 경기가 회복될 때까지 집요하게 시장에 돈을 쏟아 부었다.

그 결과 미국 경제는 세계에서 가장 먼저 되살아났다. 리먼 쇼크 이후 국가로부터 자금 지원을 받은 월가의 '금융 거인' 골드만삭스는 2009년 제 2분기 결산 때 일찌감치 사상 최고액을 기록하는 등 많은 은행과 금융기관이 좋은 실적을 내놓았다. 블룸버그 같은 금융정보 전문채널은 연일 격앙된 목소리로 경제가 호조를 띠고 있다고 전했다.

월가에서는 벌써부터 대규모 금융완화가 종지부를 찍었고 FRB가 언제 금리를 인상할 것인지에만 관심을 쏟고 있었다. 여러 예상이 오갔다. 타이밍만 잘 잡으면 큰돈을 벌거나, 손실을 최소한으로 줄일 수 있었기 때문이다. 금융맨들은 흥분된 얼굴로 수화기를 쥔 채 모니터에 비치는 그래프의 변화를 쫓았다.

그러나 크리스마스 시즌의 들뜬 거리에서 불과 한 구획 떨어진 길거리 풍경은 사뭇 달랐다. 많은 사람들이 무료 배식차 앞에서 길게 줄을 서고 있었다. 끼니를 해결하지 못해 교회가 제공하는 무료 식사를 이용하려는 사람들이었다. 취재팀은 현장에서 어떤 일이 벌어지고 있는지 확인하기 위해 그곳으로 갔다.

한 눈에 봐도 노숙자가 많았다. 추운 밤을 지낼 곳은 간신히 구했지만 먹을 것은 구하지 못한 사람들이 많았다. 그들 중에는 최근까지 중산층 생활을 했던 사람들도 있다고 배식 담당자가 말했다. 이를 입증하듯, 식량 보조비를 지원받는 사람의 수는 최근 몇 년간 계속 급증하여 2014년 9월 현재 4650만 명에 달했다.

맨해튼 거리에 있는 한 교회는 노숙자들이 식사를 할 수 있는 장소를 제공했다. 음식을 받은 노숙자들은 배식판을 들고 적당한 자리에 앉아 조용히 식사를 했다. 여기서도 긴 줄이 이어졌다. 사람들은 식판을 양손에 들고 움츠러든 자세로 조용히 자신의 순서를 기다린다. 땅이 꺼져라 한숨짓는 사람도 있고 정신착란을 일으키는 사람도 있다. 이것이 바로 옆 동네 스테이크하우스에서 1만 엔짜리 스테이크를 먹는 뉴욕의 크리스마스 시즌 풍경이다.

중산층도 한 방에 간다

우리는 그들에게 다가가 한 사람, 한 사람의 사정을 들어보았다. 중산층 또는 그 이상의 삶을 살던 이도 여럿이었다. 서부 워싱턴주의 시골 출신으로 지방대학을 졸업한 뒤 변호사 사무실에서 인권 변호사로 일하던 남성도 있었다.

"대학 졸업하고 계획대로 차근차근 걸어왔는데 거듭되는 불황으로 회사에서 해고당했습니다. 아버지가 현역이던 1960년대부터 70년대까지는 열심히 일하면 꼬박꼬박 급여를 받았고, 집도 지었지요. 연금도 적립할 수 있어서 노후 걱정은 할 필요가 없었습니다. 두터운 중간층이 있었기 때문에 미국에서 강력한 경제가 형성된 거 아닙니까?"

노숙자 중에는 브라질 출신의 영화감독도 있었다. 미국의 식품 문제를 다루기 위해 뉴욕에서 활동했는데 모아놓은 돈을 다 써버려 구제소를 전전하며 식사는 거의 이곳에서 해결하고 있다고 했다.

2008년 리먼 쇼크 때문에 그야말로 천국에서 지옥으로 떨어졌다는 레이 오스터만이라는 남성도 취재에 응했다. 그는 불과 얼마 전까지도 자동차 판매점에서 딜러로 일했다고 한다. 이곳 뉴욕에서 신차를 파는 수완 좋은 딜러였지만, 금융위기 때문에 실적이 악화돼 해고당했다.

그의 부모는 독일에서 건너온 이민자로 소처럼 일해 그를 대학에 보냈다고 한다. 대학에서는 비즈니스를 전공하여 취직도 순조로웠는데 왜 지금은 밑바닥 인생으로 전락했을까? 건강을 잃어

일도 할 수 없다보니 매일 이곳에서 빵을 씹고 수프를 홀짝인다. 이곳에서 늘 만나는 사람들과 짧은 대화를 주고받지만 결코 깊은 속내까지 나누지는 않는다. 그는 접시를 비우자마자 자리에서 일어나 노숙자 동료들에게 인사를 건네고는 떠난다. 건드리고 싶지 않은 과거를 지닌 사람들이 서로 지켜주는 일종의 에티켓 같은 것이다.

 리먼 쇼크 직후인 2008년 겨울 <NHK 스페셜> 프로그램으로 <미국발 세계 자동차 위기>를 제작했던 한 멤버는 '자동차 왕국의 수도'로 불리는 디트로이트를 샅샅이 조사했다. 자동차를 만드는 사람과 회사, 자동차 대출 담당자 등을 직접 만나 인터뷰했다.

 리먼 쇼크의 큰 물결은 자동차 산업이라는, 실체가 있는 경제를 집어삼켰다. 한 자동차 부품회사의 간부회의에서는 종업원의 해고 순서를 정하기 위한 투표가 열렸다. 종업원들은 그런 일이 벌어지고 있다는 것은 꿈에도 몰랐다. 미국의 노사관계가 일본에 비해 건조하다는 것은 익히 알고 있었지만, 인정이라고는 전혀 없는 매몰찬 방식으로 동료를 나락의 구렁텅이로 내몰고 있었다.

 리먼브라더스라는 최대 증권사의 도산으로 시작된 세계적인 금융 위기가 왜 자동차 산업에까지 불어 닥친 걸까. 놀랍게도 사상

누가 같은 구조 때문이었다. 자동차가 많이 팔린 것은, 서브프라임론을 계기로 부동산이 날개돋인 듯 팔렸던 구조와 같다. 우리는 관련 당사자들을 취재하는 과정에서 비슷한 비즈니스 모델을 확인할 수 있었다.

우리는 디트로이트 교외의 카 딜러를 만났다. 그는 월가의 금융 공학자들이 만들어낸 수학이론을 사람들이 과신해 '위험한' 자동차 대출을 수차례 이용했다고 털어놓았다. 그는 대출을 신청할 때 작성해야 하는 서류를 우리에게 보여주었다. 이름과 주소밖에 기입할 게 없었다. 수입을 적는 곳도 따로 없었다. 구매자가 차를 살 형편이 되는지도 묻지 않았던 것이다.

"얼마를 버는지는 묻지 않았습니다. 길에서 빈 깡통을 줍는 넝마주이도 자동차 대출을 받을 수 있을 정도였지요."

대출을 끼고 차를 사면 그 대출채권을 월가로 가져가 고리의 금융상품을 만드는 '재료'로 활용했다. 구매자가 지불할 수도 없을 만큼 높은 금리를 설정할 수 있어서 오히려 좋다는 식이었다. 이렇게 터무니없는 상황은 가속적으로 이어졌다. 리먼 쇼크로 시작된 금융의 '역회전'이 시작되면서 이 같은 자동차 대출은 얼마 버티지 못하고 회수 불능 상태가 되고 말았다.

머니자본주의 성지, 뉴욕의 민낯

얼어붙을 듯 차가운 뉴욕의 겨울밤, 따뜻한 교회 안에서 무료 식사를 먹고 있는 오스타먼 씨를 보고 있으니 예전에 인터뷰했던 카 딜러의 말로를 보고 있는 것 같았다. 수입이 많아 고급 옷을 즐겨 입던 생활은 한순간에 사라졌다. 그 후 그는 건강을 잃었다. 건강보험제도가 갖춰지지 않은 미국에서 건강이 악화되면 밑바닥으로 추락하는 수밖에 없다. 안타깝지만 머니자본주의의 탐욕스러운 회오리바람에 몸을 맡긴 사람들이 치러야 할 대가였다.

출판 기획을 하던 남자도 있었다. 그 역시 건강을 잃는 바람에 일거리를 찾지 못해 결국 교회에서 제공하는 무료 저녁식사를 먹는 처지가 되었다. 수중에는 1달러밖에 남지 않았지만 그는 여전히 철학책을 즐겨 읽는다고 한다.

접시 위에는 야채와 함께 고기도 섞여 있었다. 이 날 두 사람은 미트볼 몇 개를 맛있게 먹었다. 그러고는 다시 뉴욕의 어두운 밤거리로 사라져갔다. 경기가 회복된 미국, 지금 세계에서 홀로 승리한 뉴욕의 그 거리로.

◊

중산층도 한 방에 갈 수 있다

머니자본주의의 본산인 뉴욕의 맨해튼 일대에서는
무료급식으로 연명하는 노숙자들이 많다.

옆 사람을 쓰러뜨려서라도 기어올라야 살아남는 자본주의라는 '거미줄'. 그 줄 위에서 사람들은 자신의 형편과는 상관없이 오로지 위만 올려다본다. 그 가느다란 거미줄을 타고 올라가 풍요로운 생활을 손아귀에 넣는 순간, 터무니없게도 바닥으로 추락한다. 머니자본주의의 본거지인 뉴욕의 거리 한 쪽에는 그렇게 낙오된 사람들이 넘치고 있었다.

미국에서 우리 제작팀은 소고기를 둘러싼, 귀를 의심할 만한 사태가 몇 년마다 반복적으로 벌어진다는 이야기를 들었다. 국제시장에 엄청난 양의 소고기가 방출되었음에도 불구하고 모조리 팔린다는 것이다. 소고기를 대량 방출한 이유는 가뭄 때문이었다. 대규모의 극심한 가뭄이 2012년 미국의 방목지역을 덮쳤던 것이다.

소는 사육하는 데 손이 많이 가는 가축이다. 식육이 되기까지 닭이나 돼지보다 오랜 시간이 걸린다. 먹는 사료의 총량도 많다. 게다가 일정 기간 풀이 나는 방목장에서 사육하지 않으면 안 된다. 그런데 그 목초지가 가뭄으로 초토화되고 말았던 것이다. 어쩔 수 없이 대량의 소가 도살돼 식육이 되어야만 했다. 그 바람에 업자들은 소고기가 시장에 넘쳐나는 사태가 벌어질 것이라고 생각했다. 그러나 예상은 빗나갔다. 소고기는 모조리 팔려 전 세계 사람들의 위장으로 들어갔다.

너무 많은
소고기란 없다

소고기 수출 대국인 오스트레일리아에서도 미국에서와 같은 일이 벌어졌다. 광활한 방목지에 가뭄이 덮쳤고 소를 사육할 수 없는 상황이 되자 도축에 들어갔다.

시장에 방출된 소고기는 이번에도 엄청난 기세로 팔렸다. 전년도에 소를 너무 많이 도축한 탓에 소고기 생산량이 뚝 떨어진 미국이 오스트레일리아의 고기를 수입했기 때문이다. 중국을 비롯해 다른 국가도 대량의 소고기를 수입했다. 또 다시 시장에서 소고기는 말끔히 흔적도 없이 사라졌다. 소고기 쟁탈전의 과열은 그칠 줄 몰랐다.

취재에 응한 미국의 소고기 가공업자는 이렇게 말했다.

"소고기 값은 작년에 비해 벌써 20퍼센트나 올랐습니다. 수출시장이 점차 넓어져 한국에서는 쇼트 리브(살코기가 붙은 갈비)라는 부위가 큰 인기를 끌었습니다. 가격이 40퍼센트나 상승했지요. 고품질의 부위는 홍콩, 일본으로 수출되고, 중국 본토에도 흘러들어 갑니다. 그들은 많은 돈을 지불해서라도 소고기를 구입하려 하기 때문에 미국 시장의 가격을 끌어올리고 있습니다."

그는 고급 식육만 가격이 인상되는 것은 아니라고 말했다.

"모든 부위가 다 올랐지요. 행어스테이크^{hanger steak}라 불리는 저렴한 부위는 소 한 마리에서 1.5파운드(약 680그램)만 얻어지는데 5년 전에는 2달러50센트였습니다. 그런데 지금은 4달러50센트입니다."

이런 얘기를 듣고 있을 때 묘하게도 부자연스러운 상상이 머릿속에 떠올랐다. 미국, 오스트레일리아에 쌓여 있던 엄청난 식육을 순식간에 먹어치우는 메뚜기 떼였다. 이 메뚜기들은 전 세계 어디든 날아가 식육을 모조리 먹어치운다. 실제로 그런 시대가 빠른 속도로 다가오고 있다. 과연 소고기 쟁탈전은 어디까지 이어질까?

중산층에서 빈곤의 나락으로 떨어지는 사람들이 급증하고 있는 이 세계에서는 먹을 수 있는 사람만 먹고 먹을 수 없는 사람은 입도 대지 못한다. 그럼에도 가격은 여지없이 오른다. 그 가격경쟁은 전 세계에서 벌어지고 우리도 그 싸움에 휩쓸린다. 소고기덮밥을 먹을 수 없게 되는 날이 그렇게 우리를 찾아올지 모른다.

" 이 세계에서는 먹을 수 있는 사람만
먹고 먹을 수 없는 사람은 입도 대지 못한다.
그럼에도 가격은 여지없이 오른다.
그 가격경쟁은 전 세계에서 벌어지고
우리도 그 싸움에 휩쓸린다.
소고기덮밥을 먹을 수 없게 되는 날이
그렇게 우리를 찾아올지 모른다. "

맨해튼 거물의
속마음

2015년 1월 어느 날 아침, 우리는 맨해튼의 초고층 빌딩으로 향했다. 금융계 거물을 직접 만나 인터뷰를 하게 된 것이다. 그 거물은 헨리 크래비스 씨다. 세계에서 손꼽히는 사모펀드 KKR(Kohlberg Kravis Roberts & Co.)의 공동창업자다. KKR은 제롬 콜버그 주니어, 헨리 크래비스, 조지 로버트 씨 등 세 명의 이름을 딴 거대 펀드다. 우리는 창업자 중 한 사람인 헨리 크래비스 씨에게 몇 달 전부터 인터뷰 요청을 해왔다.

소고기를 비롯해 세계 식품 동향을 어떻게 보고 있는가? 글로벌화와 함께 '더 먹으려는 자'와 '더 좋은 것을 먹으려는 자'가 증가하고 있는 상황에서 장차 인류는 그 욕망을 채울 만큼 생산량을 늘릴 수 있는가? 10조 엔 이상의 운용자금을 굴리고 있고 연이율 20퍼센트를 넘는 이윤을 창업 이래 39년간 계속 달성해온 그에게 해답을 직접 듣고 싶었다.

인터뷰를 승낙한 그는 2014년 12월에 중대발표가 있으니 인터뷰 날짜를 조정해달라는 조건을 붙였다. 2014년 12월 중순, 실제로 그가 말한 중대발표가 나왔다. 오스트레일리아가 건조지대에 물을 공급해 농업을 시작한다는 내용이었다. 그 발표 직후 그는 다음 해 1월 아침 1시간 동안 인터뷰를 하자고 연락이 왔다.

건물 입구 게이트 앞에 도착하자 출입자의 얼굴을 일일이 사진으로 찍어 즉석에서 이름표를 만들어주었다. 그 이름표를 목에 걸고 우리는 게이트를 통과했다. 엘리베이터에서 내리자 육중한 목재 문이 보였다. 문 너머는 맨해튼이 한 눈에 내려다보이는 전면 유리창이다.

인터뷰 방으로 나있는 긴 복도 벽에는 참신한 현대 회화가 걸려 있었다. 크래비스 씨의 아내가 MoMA(뉴욕현대미술관)의 이사장이라고 하니 어련하겠는가. 이 세련된 복도를 거쳐 방으로 초대되는 투자가들이라면 흥분으로 볼이 붉게 상기될 것 같다. 곧 논의하게 될 투자 상담에 큰 기대감을 가질 게 분명하다.

우리가 들어간 회의실에는 큰 목재 테이블과 10개의 가죽 의자

금융인의 말은 어디까지 믿어야 할까

세계적인 투자회사 KKR의 금융거물 헨리 크래비스(윗사진)는
지구의 미래를 위하는 사업에 투자하면
돈을 벌 수 있다고 말한다.

가 놓여 있었다. 크래비스의 방에서 인터뷰를 할 수는 없는지 끈덕지게 물어봤지만, 본인에게 직접 물어봐야 한다는 답변만 돌아왔다. 그러면서 지금 이 회의실에 들어온 것 자체도 매우 드문 일이라고 생색을 냈다. 하긴 월가의 이름 있는 금융사 대표들이 정기적으로 모여 회의를 하는 장소라니 그럴 만도 했다.

약속 시간에 맞춰 크래비스 씨가 나타났다. 우리는 정중하게 악수를 하고 명함을 교환했다. 다소 몸집이 작은 신사였으나 웃는 얼굴에 깊은 눈빛은 상상했던 것보다 날카로웠다.

인터뷰가 시작되자 크래비스 씨는 먼저 KKR의 기본적인 투자 철학에 대해 이야기했다. 세계적인 대규모 프로젝트에 거액의 자금을 투입해온 그는 성과를 올린 대가로 성공보수를 받으면 자금을 맡긴 투자가에게 환원한다고 한다.

"오늘 투자하여 3주 뒤에 매각하는 헤지펀드와는 다릅니다."

크래비스 씨는 자신의 투자가 단기간에 해치우는 머니게임과는 다르다며 분기 수익에 연연하지 않는다고 말했다.

"이런 투자 철학밖에 정답이 없다는 것을 일찌감치 깨달았습니다. 그리고 그것이 옳다는 것을 증명해왔지요."

그러나 우리에게 그 '옳음'은 겉만 번지르르한 것으로 여겨졌다.

"해야 할 일, 지구에 가장 중요한 일을 하면 됩니다."

그는 단호히 말했다.

"그렇게 봉사활동 같은 투자로도 돈이 벌립니까?"

우리도 지지 않고 이렇게 밀어붙였다. 그러나 그는 꿈쩍도 하지 않았다.

인터뷰 시간이 끝날 때까지 우리는 그 '옳음'에 대해 물고 늘어졌다. 크래비스 씨는 이렇게 답했다.

"해야 할 일을 하기 위해 돈을 투입하는 것은 정치가나 하는 일 아닐까요. 유감스럽게도 오늘 세상의 수많은 정치가는 투표함을 따라 움직입니다. 그러나 우리는 인기 따위에 관심 없습니다. 우리는 누구에게 투표를 해도 꿈쩍하지 않습니다. 그저 옳은 일을 할 따름입니다."

그는 또 이렇게 덧붙였다.

"여러분은 (아름다운) 비전에 대해 이야기하지만 현실적으로 비전을 어떻게 정책에 반영시키고 실현할지가 중요합니다. 비전이라는 것은, 말로만 떠드는 게 아니라, 실행으로 옮기지 않으면 의미가 없습니다. 나는 '현실을 바꾸는' 결과를 만들려고 합니다. 아시겠어요? 대부분 정치가에게 결과란 다시 선거에서 이기느냐 마느냐이지만, 나는 그렇지 않습니다."

이미 정치는 옳은 일을 할 수 있는 주체가 아니다. 그 일을 할 수 있는 것은 결국 돈밖에 없다는 크래스비 씨의 강한 자부심에 우리는 압도당했다.

"그러나 그런 번드르르한 일에 투자자가 참여할까요? 직원들은 당신의 생각에 잘 따르고 있습니까?"

우리는 다시 추궁하듯 물었다. 크래비스 씨는 아무렇지 않다는 듯 대답했다.

"'당신이 하는 일이 지구를 위한 일인가요?' 라고 묻는 건 오히려 투자가들입니다. 최근 투자가는 그것만 묻지요. 현장에서 일하는 사람들도 세계를 위한, 지구를 위한 일이라고 생각하기 때문에 분발할 수 있습니다. 최고의 기술을 쏟아 붓고 최고의 직원에게 자금을 투자하면 결과는 나옵니다. 쉬운 일은 아니지만 잘 해낼 자신이 있습니다."

옳은 일은 돈이 된다

세계 각지에 22개의 거점을 두고 있는 크래비스 씨는 100만 명이 넘는 관련 기업 직원을 동원하여 사업을 진행하고 있다며 몇 가지를 구체적으로 소개했다.

"오스트레일리아에서는 고급가구와 화장품, 향수의 원료인 희귀 목재 백단을 생산하기 위해 30년 넘게 임업을 이어가고 있습니다. 목재의 공급량이 한정돼 있어서 필요한 양만 벌채하고 자른 양만큼 매년 다시 심지요. 지속 가능한 벌채, 지속 가능한 임업·농업을 생각하지 않으면 안 됩니다."

"중국에서는 전문적으로 물을 공급하는 회사를 경영하고 있습니다. 투자를 시작했을 무렵에는 13개이던 공장설비가 현재 20개로 늘었습니다. 물의 품질 개선은 중국, 인도, 아프리카에서는 긴급히 해결해야 할 과제입니다. 생각해보세요. 중국과 인도를 합치면 인구가 25억 명이나 됩니다. 그 환경을 봐야 하지요. 어디에 자금을 투입해야 하는가? 대기의 질, 물의 질을 향상시키는 사업이 가장 좋은 투자처입니다."

"최근 스페인에서 사업을 시작한 기업의 대주주가 되었습니다. 풍력발전을 비롯하여 재생 가능한 에너지 사업을 전개하는 세계 최대 규모의 기업입니다. 왜 이 회사에 자금을 투자할까요? 석유나 가스 가격을 감안하면 앞으로는 재생 가능한 에너지원에서 나오는 에너지, 결국 환경에 위험을 주지 않는 에너지를 확보하는 게 중요하다고 믿기 때문입니다."

그는 또 의미심장한 말로 지금의 세계를 진단했다.

"결국 전 세계에 문제가 되는 것은 '부족'이라는 말로 집약됩니다. 물 부족, 식량 부족…… 그런 부족이 지구적인 문제가 되고 있습니다."

그러면서 그는 "그런 문제를 해결하기에 세계는 너무 복잡하다"고 토로했다. 국가의 규제도 늘고 NGO 운동도 있어서 기업 활동을 원활히 진행하는 게 매우 어렵다는 것이다. 따라서 환경과 사회 문제 앞에서 신념을 갖고 옳은 일을 하는 사람이 돈을 벌게 될 것이라고 말했다.

우리는 온갖 수단을 써서 여러 질문을 던졌지만, 크래비스 씨는 옳은 일을 하면 돈을 번다는 대답만 줄기차게 했다. 어느 새 우리 머릿속에서는 개운치 않은 무언가가 뿌옇게 끼기 시작했다. 예정됐던 1시간 중 50분 만에 인터뷰가 끝났다. 크래비스 씨는 얼굴 가득 미소를 지으며 악수에 응했다. 마지막으로 집무실을 촬영하고 싶다고 부탁했다.

"좋습니다. 자, 따라오세요."

크래비스 씨는 앞서 걷기 시작했다. 회의실 안쪽 복도 끝에 그의 방이 있었다. 넓은 센트럴파크와 빌딩숲이 한 눈에 들어오는 방이었다.

"여기서 내려다보면 지금 세계가 무엇을 필요로 하는지 아이디어가 샘솟습니까?"

"그렇습니다."

우리의 질문에 그는 고개를 끄덕였다. 먼 곳을 내다보는 그 눈빛은 변함없이 날카롭다. 집무실 촬영이 끝났을 때 정확히 1시간이 되었다. 크래비스 씨는 우리와 악수를 나누고 서둘러 자리를 떴다.

물 부족, 식량 부족에 투자하라

그로부터 1개월 뒤 오스트레일리아의 건조지대에서는 거대 프로젝트가 시작됐다. 건조한 땅에서 식량을 대규모로 생산하려는 사업이었다. 농업에서 결코 빠뜨릴 수 없는 물은 해수를 담수로 바꿔서 공급한다. 지독한 가뭄이 몇 년에 한 번꼴로 빈번히 찾아오는 오스트레일리아에서 근본적인 해결책을 찾으려는 것이다.

남부의 대도시 애들레이드에서 바다 쪽으로 향했다. 키 작은 식물만 대지를 가득 채우고 있었고 외길이 곧게 뻗어 있었다. KKR의 담당자가 현지 시찰을 하고 있었다. 선글라스를 쓴 모습이 마치 영화 <매트릭스>에 등장하는 가공 인물처럼 보였다. 그는 우리에게 담수화 설비에 대해 설명해주었다.

건조하고 허허벌판인 현장에서는 여러 대의 중장비가 공사를 하고 있었다. 이런 곳이 진짜 새로운 식량 생산기지가 될 수 있을까? 눈앞에 펼쳐진 광경에서 미래의 모습을 상상하는 것은 쉽지 않았다.

우리는 크래비스 씨의 자신감에 넘치던 말을 떠올렸다.

"물 부족, 식량 부족이 생기는 데 투자해야 합니다. 우리에게 투자금을 맡긴 사람들도 이해할 것입니다. 해야 할 일을 해야 돈을 벌 수 있다는 것을요."

맨해튼의 초고층 빌딩을 창 너머로 바라보면서 세계와 지구가 안고 있는 '부족' 문제를 해결하려는 금융계 거물. 그러나 그의 눈에 맨해튼 거리 한 귀퉁이에서 무료 배식으로 끼니를 해결하는 사람들은 보이지 않을 것이다.

우리는 세계 각지의 '들끓는 현장' 바로 곁에서 빈곤 속에 몸부림치는 사람들을 목격했다. 서양식 스테이크 하우스가 속속 생겨나는 중국 산시성의 타이위안 교외에는 여전히 농민들이 흙먼지 속에서 생활하고 있었다.

브라질 세라도에서 거대한 콩밭을 개척하는 마을 한 쪽에는 빈민촌이 형성되어 있었다. 큰 거리에서 한 걸음만 뒷길로 들어서면 여기저기 물웅덩이가 있는 흙길이 나온다. 뙤약볕에서 축구공을 차는 소년들, 조용히 앉아 있는 사람들, 콩밭에서 일하면 잘살 수 있다는 일념 하나로 이주해온 사람들이 모여서 생활하고 있었다.

"처음에는 콩밭에서 일했지만 기계가 들어오면서 해고당했습니다. 고향에 돌아갈 돈도 없어 쓰레기를 주워 연명하고 있지요."

배불뚝이 대두왕이 아드레날린을 내뿜으며 돈을 벌기 위해 혈안이 된 모습과는 전혀 달랐다.

뉴욕의 사정도 만만치 않다. 양적완화로 유입된 돈은 시장에 활기를 불어넣었고 세계가 부러워하는 멋진 경기회복을 이뤘지만 그 혜택을 전혀 받지 못하는 사람들이 부지기수다. 그 수는 점차 증가할 것임에 틀림없다.

제 **7** 장

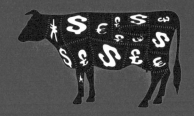

대가뭄의 가공할 위력

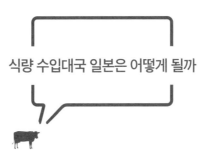

식량 수입대국 일본은 어떻게 될까

2015년 1월, 브라질 세라도의 콩밭은 한여름이었다. 취재팀은 다시 지구 반대쪽으로 향했다. 2014년 11월에 취재했던 광활한 콩밭이 수확기를 맞고 있었기 때문이다.

일본 국토의 5배나 되는 초원지대에서 계속 진행되던 콩밭 개간은 우리가 취재를 하는 동안에도 이어졌다. 나무와 풀로 무성한 대지가 중장비에 의해 평평하고 넓은 밭으로 바뀌어가는 모습을 보면서 우리는 뭐라고 말할 수 없는 복잡한 심경이 되었다. 불안감이 꿈틀거렸다고나 할까. 아닌 게 아니라 현지에서도 과도한 개발이 환경에 미치게 될 영향을 걱정하는 목소리를 직접 들었다.

다른 지역에서 세라도로 이주해온 평범한 농부가 '대두왕'이 되어 상상할 수 없는 엄청난 양의 콩을 생산하고 그것을 중국에 팔고 있다. 그럼에도 여전히 콩은 부족하다. 더 생산하면 그만큼 더 팔 수 있다…….

이처럼 한계를 모르는, 상한선이 없는 세계. 사무실에서 이뤄지는 매매와 가격 협상을 보면 적어도 상당분의 매매계약이 수확 전에 체결되고 있음을 알 수 있다. 과연 계약한 만큼 콩을 수확할 수는 있을까? 실제로 콩이 열릴 무렵의 밭을 다시 한 번 보고 싶었다.

현장에 도착하자 청명한 하늘에는 구름 한 점 없었다. 브라질은 남반구에 있기 때문에 1월이 한여름이다. 나쁜 예감은 잘 들어맞듯 심각한 사태가 벌어지고 있었다. 최근 2주간 비가 한 방울도 내리지 않았다는 것이다. 가뭄이 이대로 지속되다가는 콩 수확이 위태롭다. 대초원지대를 밀어서 만든 밭이기 때문에 인공적으로 손을 쓸 도리도 없다. 일부 지역에서만 관개시설을 갖춰 놓아 스프링클러로 밭에 물을 뿌리고 있다. 부자토 씨의 밭만 해도 도쿄돔 9800개분이니 대부분의 밭은 속절없이 비를 기다리는 수밖에 없다.

대두왕 부자토 씨가 밭에 나와 있었다. 그가 콩 몇 그루를 잡아 뽑았다. 11월에 왔을 때보다 키가 더 자랐고 콩깍지도 달려 있었다. 그러나 콩깍지는 납작했다. 부자토 씨가 손으로 만지자 바짝 말라서 그런지 콩깍지가 가루가 되어 떨어졌다.

부자토 씨가 땅이 꺼져라 한숨을 쉬면서 한탄했다.

"이 콩은 이미 망쳤어요. 상황은 더 악화될 겁니다."

그러면서도 그의 태도와 말씨는 너무도 담담했다. 어떤 밭에서는 20퍼센트나 손실이 생길 거라면서도 말이다. 이제 와서 호들 갑을 떤다고 해결될 일이 아니라고 생각하는 것일까. 분명 하늘만 콩밭의 운명을 알고 있을 것이다.

밭을 다시 둘러보니 콩이라는 식물은 작고 약했다. 일본의 논밭 두렁에 흔히 심어져 있는 콩이었다. 30~40센티미터 키의 식물이 끝없이 펼쳐진 밭에서 오로지 비를 기다리고 있었다. 옥수수처럼 크지도 않고, 밀처럼 다발도 아닌데 이 작고 연약한 콩과 식품은 전 세계에서 엄청난 수요를 일으키는 식육 생산을 가능케 해주는 사료가 되는 것이다.

찌는 듯한 햇볕이 여지없이 내리쬐었다. 콩의 푸른 잎이 지글지글 탈 것만 같았다. 구름은 보이지만 비는 내리지 않는다. 이미 수확량의 20퍼센트를 잃은 이 밭은 이대로 몇 주 동안 비가 내리지 않으면 어떻게 되는 걸까? 아직 이렇다 할 피해를 입지 않은 다른 밭은 또 어찌 될까? 우리는 파멸적인 사태를 목격하게 될까?

중국이 파괴하는 브라질 자연

우리는 다시 세라도 개발의 위험성에 주목했다. 마침 관목이 자라던 초원이 밭으로 바뀌면 환경에 어떤 영향을 미치는지 연구하는 전문가가 있었다. 고이아스 연방대학의 에두아르도 페레이라 교수인데 우리는 그의 조사 과정에 동행했다.

밭과 밭 사이에 펼쳐진 미개발지는 무성하게 풀이 자라 있었다. 아직 땅은 마르지 않았다. 몇 미터마다 나무가 심어져 있었다. 그리 크지 않은 볼품없는 나무지만 땅속 깊이 뿌리를 뻗고 있었다. 그렇게 넓게 뻗어 있는 뿌리가 땅속의 물이 마르지 않도록 물기를 머금는 힘이 된다. 따라서 강수량이 적어도 오랫동안 땅이 마르지 않아 풀이 죽지 않는다. 그 물기를 머금은 힘은 주변 밭에도 영향을 주어 콩밭을 풍성하게 한다.

그러나 모든 땅을 밭으로 개발해버리면 순식간에 밭은 마른다. 비가 내리지 않을 때 견딜 수 있는 기간이 그만큼 짧아진다. 가뭄에 약한 밭이 되어버리는 것이다. 그럼에도 농부의 눈에 미개발지는 그저 놀리는 땅으로밖에 보이지 않는다. 밭으로 개간하면 그 만큼 콩을 재배할 면적이 증가해 수확량이 늘어날 거라고 생각한다. '단위면적당 수확량×총면적'이라는 단순 곱셈의 세계가 아닐 수 없다. 그 단순 계산이 어떤 선을 넘으면 아예 수식이 성립되지 않는다는 것을 모른다. 자연의 섭리를 무시한 채 개발만 해대면 결국 자신의 목을 조르게 된다. 페레이라 교수는 세라도를 바라보면서 말문을 열었다.

"세라도는 이 지역에만 존재하기 때문에 매우 우수한 생태계입니다. 여기를 지키는 일은 아마존의 삼림을 지키는 것만큼 중요하지요. 그럼에도 불구하고 콩밭이 확대되면서 이 지역 생태계에 영향을 미치고 그것이 다시 콩 생산에 피해를 안겨줍니다. 그야말로 브라질은 자기 발등을 스스로 찍고 있지요."

아마존은 세계의 주목을 받게 되면서 자제력을 발휘했다. 그러나 세라도에는 아직 세계의 눈이 미치지 않고 있다. 게다가 세계는 여전히 더 많은 콩을 생산해줄 밭을 찾고 있다. 가능하다면 콩 생산을 맡아주길 기대한다.

중국의 국무원 담당자 청궈치앙 씨의 인터뷰가 떠올랐다.

"중국인의 위를 채우기 위해 중국 땅에서 사료작물을 생산하면 우리 환경은 파괴될 것입니다."

따라서 그들은 브라질에 사료작물 생산을 맡긴다. 그러나 브라

"중국인의 위를 채우기 위해
중국 땅에서 사료작물을 생산하면
우리 환경은 파괴될 것입니다."

따라서 그들은 브라질에
사료작물 생산을 맡긴다.
그러나 브라질도 사정은 마찬가지다.
브라질의 환경도
언젠가는 파괴될 것이다.

질도 사정은 마찬가지다. 브라질의 환경도 언젠가는 파괴될 것이다.

비를 갈망하는 대두왕

어쩌면 우리는 '세계의 끝'에 서있는 게 아닐까? 오늘도 내일도 뜨거운 햇볕이 내리쬐는 하늘을 올려다보면서 우리는 그 상황을 지켜보기로 했다.

비를 기다린 지 1개월. 하늘이 먹구름으로 덮이고 굵직한 빗방울이 뚝뚝 떨어지기 시작했다. 우산이 없는 사람들이 어디론가 달리기 시작했다. 비는 곧 장대비로 변했다. 앞이 잘 보이지 않을 정도다. 마른 땅은 기다렸다는 듯이 물을 빨아들였다. 콩은 그렇게 되살아났다.

다시 부자토 씨의 사무실을 찾았다. 흰 셔츠 소매를 걷어 올리고 책상에 앉아 있던 그는 코끝에 은테 안경을 걸어 놓은 채 거래 관련 서류를 보면서 빙그레 웃고 있었다.

간발의 차로 위기를 겨우 모면한 사람 같지가 않았다. 간담이 서

늘했다거나 심장이 멎는 줄 알았다는 식의 말은 한 마디도 하지 않았다. 그야말로 '목구멍을 넘어간' 순간 뜨거움은 잊는 것일까? 어째서 이리도 낙천적일까?

그러나 잘 생각해보면 수확이 어찌되든 대두왕 부자토 씨는 곤란할 게 없다. 예상보다 수확량이 많으면 추가로 팔면 되고, 예상보다 수확량이 적으면 작황이 좋지 않다고 말하면 그만이다. 돈은 이미 충분히 벌었다. 수확하지 못하면 그저 물건이 "없다"고 말하면 그뿐이다. 곤란해지는 것은 어디까지나 매수자다. 사료가 없으면 소나 돼지를 먹이지 못해 살을 찌울 수 없는 사람과 국가가 속이 탈 뿐이다.

그렇다고 절대적으로 곤란해지는 것도 아니다. 소나 돼지를 제대로 출하하면 돈을 벌겠지만 출하하지 못하면 수익을 못 얻을 따름이다. 누군가 굶거나 폭동이 일어나도 책임질 일이 없다. 결국 아무도 책임지지 않는 상황이 된다. 이런 무책임의 현장을 우리는 목격했다.

빙그레 웃으며 서류를 보고 있던 부자토 씨는 충분히 만족스럽다는 표정으로 "자, 출발하자"며 큰 가방을 들었다. 그러고는 우리에게 이렇게 말했다.

"이제 가뭄 문제는 해소되었군요. 콩을 좀 더 생산하고 밭도 넓혀서 원하는 사람들을 위해 제공하겠습니다."

"앞으로도 계속할 건가요?"

취재팀이 물었다.

"물론입니다. 더 많은 콩을 제공할 겁니다."

일본 국토의 5배나 되는 브라질의 대초원, 세라도. 과도한 개발이 풍요로운 대지의 기능만 빼앗은 건 아니다. 면적도 한계에 다다랐다. 개발된 땅의 면적이 전체의 절반을 넘었다. 너무 넓어 무한대 같던 개발의 한계가 보이기 시작한 것이다. 콩을 생산하기 위해 농가가 이렇게 마음대로 자연을 개발할 수 있는 나라가 또 있을까.

'미스터 소고기'의 고육지책

일본 수입 소고기의 약 10퍼센트를 감당하는 후타니치 식료의 이케모토 부장은 도쿄항의 냉동창고로 우리를 데려 갔다. 새로운 시도를 해보기 위해서다.

창고에 들어서자 여성들이 기다리고 있었다. 인사도 대충하고 곧 작업에 들어갔다. 미국에서 수입한 소고기의 어느 부위를 소고기덮밥용으로 사용할 수 있는지 먹어보는 실험이었다.

후타니치 식료가 개발해온 쇼트 플레이트의 주변 부위는 맛은 같아도 형체가 균일하지 않아 지금까지 미국에서는 햄버거용 고기로 이용되었다. 그러던 것을 이케모토 부장이 미국 공급자에게 고기 자르는 방식을 가르쳐서 형체를 균일하게 나오도록 했다.

중국이 쇼트 플레이트를 비싼 값으로 구매하고 있는 상황에서 이케모토 부장은 고기 부위의 선택지를 넓히려고 한다. 이케모토 부장이 직접 칼을 들고 주변 부위를 자르자 단면이 나타났다. 붉은 부위와 흰 지방이 교차하는 부위였다.

"좋군요. 보기에도 쇼트 플레이트와 다를 바가 없습니다."

이케모토 부장은 서둘러 고기를 구웠다. 넥타이를 와이셔츠 안에 꽂고 고기를 젓가락으로 집어 입으로 가져갔다. 그리고 곧 위세 좋게 한 마디 한다.

"맛있네요. 쇼트 플레이트가 약간 더 부드럽기는 하지만 쇼트 플레이트도 고기의 위치나 개체에 따라 차이가 있으니 이 정도는 허용 가능한 범위에 듭니다."

이케모토 부장의 주도 하에 분위기가 뜨거워졌다. 시장 반응이 좋을 거라는 의견이 대세였다.

물론 쇼트 플레이트가 충분하면 좋을 것이다. 이 부위는 매우 균질적인 부위여서 품질과 가격을 매우 일정하게 유지해왔다.

그러나 지금은 그럴 상황이 아니다. 이대로 손 놓고 있다가는 중국이 손을 뻗을 테고 열세 속에서 싸우게 될 것이다. 따라서 선수를 치면 유리해지고 선수를 빼앗기면 주저앉는다. 그러니 소고기를 둘러싼 이케모토 부장의 고뇌와 도전은 계속된다.

동남아시아를 공략하라

이케모토 부장은 국제선 비행기 안에 있었다. 그가 도착한 곳은 아시아의 신흥국 베트남의 최대도시 호치민이다. 이케모토 부장을 태운 왜건 앞을 수많은 오토바이 무리가 달리고 있다. 경제성장의 기운이 느껴지는 장면이다. 이케모토 부장은 여기서 대체 무엇을 하려는 것일까?

우리는 이케모토 부장의 설명을 듣고 놀랐다. 쇼트 플레이트 이외의 주변 부위를 베트남에 팔아 수익을 올리겠다는 것이다. 왜 이런 일을 하는 것일까?

일본이 매수 단계에서 중국에 번번이 밀리면서 지금까지 누렸던 수입대국의 위상은 흔들리고 있다. 중국 구매력에 순식간에 추월당한 것이다. 아마 그 차이는 앞으로 더 벌어질 터이다. 게다가 일본은 고령화에, 인구까지 감소해 소고기 섭취량은 갈수록 줄어들 게 뻔하다. 따라서 중국과의 격차도 점점 더 벌어질 것이다.

따라서 앞으로 소비가 늘어날 동남아시아의 수요 분량만큼 더 많은 소고기를 일본 상사가 구매하면 되지 않을까. 그렇게 하면 중국에게 '양'으로 대항할 수 있다. 식육을 파는 미국과의 협상에서도 힘을 쓸 수 있을 것이다.

이케모토 부장은 베트남 중에서도 경제성장이 현저한 호치민에서 보다 빨리 승부수를 찾으려고 했다. 일본 상사에서 구매하는 시스템을 정확하게 도입하지 않으면 안 된다. 중국 매수자도 같은 생각을 하고 있을 것이기 때문이다. 그들은 실로 공격적이다.

베트남에서 소비하는 소고기는 대개 물소다. 물소 고기는 붉은 살이다. 시장을 둘러봐도 대부분 커다란 붉은 고기가 매달려 있다. 지방이 거의 없다. 이런 기호가 경제성장이 진행되면서 변하게 될까?

이케모토 부장은 최근 증가하기 시작한 불고기 전문점으로 들어갔다. 젊은 가족들이 거의 모든 자리를 차지하고 있었다. 우리도 자리를 잡고 앉아 주위를 둘러봤다. 이쪽저쪽 테이블에서 지방이 있는 고기를 굽고 있었다.

우리는 초등학생, 중학생쯤 되어 보이는 아이들을 보고 놀랐다. 마른 사람들만 보이던 베트남 전쟁 시절에는 상상도 할 수 없는 체형의 소년들이다. 살집이 붙은 덩치 큰 남자도 보였다. 음식의 서구화가 생각보다 더 빨리 진행되고 있다는 것을 실감할 수 있는 광경이었다.

이케모토 부장의 테이블에도 인기 있는 고기 접시가 놓였다. 이케모토 부장이 큰 소리로 말했다.

"쇼트 플레이트 같은 게 왔네요. 아아, 이거 정말 쇼트 플레이트인데요!"

붉은 살코기의 나라 베트남에도 쇼트 플레이트 같은 지방이 적당히 섞인 고기가 사람들 입맛을 사로잡기 시작했다.

"아시아인이라 식습관은 비슷합니다. 샤브샤브를 먹는 것도 우리와 다르지 않습니다. 아시아의 고기 공급원이 되면 구매력이 한층 증가해 중국과의 경쟁에서 이길 수 있습니다. 쇼트 플레이트를 일본에 안정적으로 공급할 수도 있을 겁니다."

그러나 잘 생각해보면 이 전략은 모순으로 가득하다. 소고기 쟁탈전이 격심해지면서 소고기 수입대국이라는 일본의 지위는 낮아졌다. 지금까지 소고기를 그다지 먹지 않던 동남아시아 사람들이 대량으로 먹기 시작하면 쟁탈전은 더욱 뜨거워질 것이다. 문제는 미국이나 오스트레일리아의 소고기 생산이 앞으로 비약적으로 늘어날 근거는 거의 없다는 것이다. 이미 한계에 다다랐기 때문이다. 그렇다면 지금의 전략은 자신의 목을 조르는 꼴이 아닐까?

호텔로 돌아온 이케모토 부장에게 이 같은 의문을 말했다.

"성장하는 아시아 시장에서는 쇼트 플레이트가 아니라 주변 부위나 어깨 등의 부위를 판매하고, 쇼트 플레이트의 수요 확대는 억누르는 겁니다."

이것이 이케모토 부장의 답이었다. 이케모토 부장은 지금까지 본 적 없는 진지한 얼굴로 말했다.

"일본을 지켜야만 하는 것이 우리 상사원의 사명입니다. 일본 식문화를 안정시키고 일본 고객에게 쇼트 플레이트를 안정적으로 공급하려는 것이지요. 먹고 싶은 것을 먹을 수 없는 괴로운 일이 절대 일어나서는 안 됩니다. 일본을 지키기 위해서 New Way, New Value(후타니치의 슬로건)를 가슴에 담고 우리는 싸워갈 것입니다."

승리하려면 많이 사라

베트남에는 이미 중국의 거대 식육 가공업체도 진출해 있다. 농촌의 밭이나 논 한 가운데 여기저기서 엄청나게 큰 양돈장이 차례로 지어지고 있다. 지방이 많은 소고기를 먹는 식습관도 점차 확산되어갈 것이다. 사람들은 머잖아 물소의 붉은 고기 맛을 완전히 잊어버릴 것이다.

따라서 일본 상사는 공략할 수밖에 없다. 동남아시아가 가담하면 세계의 소고기 쟁탈전은 더욱 치열해질지 모른다. 그 싸움에 휩쓸리지 않도록 쇼트 플레이트 이외의 부위를 확대함으로써 아시아에서 쇼트 플레이트의 수요 확대 속도를 조금이라도 늦추고 싶다는 게 이케모토 부장의 바람이다.

그는 이 쟁탈전이 현재 어떻게 벌어지고 있는지 들려주었다.

"미국은 번식용 모우까지 도축해버렸기 때문에 소의 숫자가 절대적으로 적습니다. 미국은 지금 오스트레일리아에서 수입을 확대하려는 상황이라 오스트레일리아산 소고기 값이 더 올라갈지도 모릅니다. 그러면 지금보다 나쁜 상황이 될 가능성이 있습니다. 회복 기조가 보이는 것은 2016년이 아닐까요. 작년 동남아시아에서 판매가 좋아 수요가 증가했기 때문에 더 신장할 가능성이 있다고 생각합니다."

그렇기 때문에 그는 "양量으로 구매하는 전략을 펼치지 않으면 이길 기회를 잡을 수 없다"고 강조했다.

"현재 우리는 일본 시장을 위해 쇼트 플레이트 이외의 부위도 상당한 양을 구입해 구매력을 키우고 있습니다. 그런데 사실 쇼트 플레이트 이외의 부위에 대한 수요에는 한계가 있습니다. 중국에 물량을 빼앗기지 않기 위해서는 쇼트 플레이트 이외의 부위도 대량 구입해 유리한 입장에서 교섭하지 않으면 안 됩니다. 꾸준히 구매하지 않는 한 유리하게 구매할 수 없습니다. 때문에 아시아로 진출할 필요가 있는 거죠. 쇼트 플레이트는 물론 그 외의 부위도 판매하는 것이 우리의 목표입니다."

우리의 먹을거리를 지키기 위해서는 매수자로서 몸집을 키울 수밖에 없다. 비록 세계의 소고기 시장을 핍박하고 쟁탈전을 더욱 가속화하는 일이 될지라도……

그때 이케모토 부장에게 새로운 정보가 날아들었다. 다른 나라에서 조사를 진행했던 부하 직원에게서 한국도 쇼트 플레이트의 구매 전쟁에 뛰어들었다는 소식이었다.

"이번에는 한국이 쇼트 플레이트를 사는 모양입니다. 새로운 적이 등장했네요."

끝없는 소고기 쟁탈전. 차 안에서 전화를 끊은 이케모토 부장이 창밖으로 펼쳐져 있는 베트남의 어두운 거리를 잠자코 바라봤다.

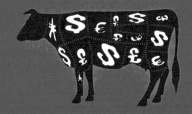

제 8 장

소고기는 공업제품인가

쇼트 플레이트가 상징하는
소고기의 세계

샐러리맨부터 연금 생활자에 이르기까지 수많은 사람이 즐기는 소고기덮밥. 거기에 결코 없어서는 안 되는 게 소고기의 안심, 쇼트 플레이트다. 이 부위를 둘러싸고 벌어지는 국제적인 경쟁을 취재하면서 어떤 인식이 마비되어 갔다. '소는 생물'이라는 인식 말이다.

미국과 오스트레일리아 소고기 가공공장의 거대한 냉장고에 걸려 있던 엄청난 양의 지육이 눈에 익숙해질 무렵 이미 '마비'는 시작되고 있었다. 머리가 잘리고 내장을 드러냈지만, 몸통도 허벅지도 생식기도 그대로 붙어 있는 그 형체에서 소의 사체가 아니라 맛있는 고깃덩이가 보였던 것이다.

카메라 앵글이 고깃덩이 사이를 헤치고 지나가는 장면이 수차레 나오는 방송을 볼 때도 왠지 모를 행복감에 흥분되기 시작했다. 마비도 이쯤 되면 중증 마비가 아닐 수 없다.

사실 소도 인간과 같은 포유류라는 생각을 떠올리면 입에 넣기가 불편하다. 그런데 가공공장에서 부위별로 잘라 놓으면 그 양상은 순식간에 변한다. 인식 마비를 훌쩍 뛰어넘어 상품화된 식육이 침을 삼키게 하는 거다.

아닌 게 아니라 소고기에서 쇼트 플레이트를 균질적으로 잘라내는 과정은 그야말로 공업제품의 생산과정과 크게 다를 게 없다. 여느 공산품과 마찬가지로 고깃덩이는 몇 십 개, 몇 백 개씩 상자에 담겨 선박을 통해 운반된다.

후타니치 식료의 이케모토 부장은 도쿄항 창고에서 상자에 담긴 꽁꽁 언 고깃덩어리를 꺼내면서 직원에게 말했다.

"역시 쇼트 플레이트는 모양이 좋아. 정말이지 가공하기 쉬운 부위야."

이 쇼트 플레이트는 곧 소고기덮밥 체인점에 납품된다. 매우 균질적인 고품질 고기다. 산더미처럼 쌓인 상자 속에 다른 부위는 없다. 복부 부근을 잘라낸 일개 상품인 쇼트 플레이트는 생물이라는 것도, 어디서 태어나 자랐는지도, 누구의 애정을 받았는지도, 일체 따라붙지 않는다. 그 어느 누구도 그런 것에 관심이 없

221

다. 소고기 수입은 그저 '단가×양'의 세계일 뿐이다.

거래 협상을 하는 방에는 전화와 팩스, 컴퓨터, 스마트폰만 있으면 충분하다. 소고기 가공업자와 이야기를 나누는 회의실에는 테이블과 의자와 전자계산기만 있으면 된다. 그들에겐 컨테이너 여러 대에 담긴 분량을 입수할 수 있느냐 없느냐가 늘 문제다. 그런 의미에서 일개 상품과 전혀 다를 바 없다.

소고기는 공산품인가

'일개 상품'이라는 말은 소고기 쟁탈전의 어려움 또는 복잡함을 명확히 드러내지는 않는다. 소고기는 공업제품과는 확연히 구별되는 또 다른 세계의 성격을 지니고 있기 때문이다. 실제로 이케모토 부장이 하는 말에 귀를 기울이다 보면 어느 순간부터 공업제품과는 다른 국면이 오버랩 된다.

"구워먹는 고기(이케모토 부장은 '테이블 미트'라 불렀다)로 수입하려면 평소에 곡물을 먹는 미국산이 단연 좋습니다. 목초를 주로 먹는 오스트레일리아산은 햄버거에 적합하지요."

그는 고기 용도 외에 수입량에 대해서도 확고한 인식을 갖고 있다.

"샤브샤브용은 판매하기 좋은 계절이 한정돼 있어서 수입량이 일정하지 않습니다. 그런 걸 염두에 두고 세세하게 계산해야지요."

식재료에서 미묘한 맛과 식감의 차이는 매우 중요한 요소다. 때문에 대형 소고기덮밥 체인점은 굳이 미국산 쇼트 플레이트를 사려고 하는 것이다. 그런데 일정한 품질을 유지하는 게 여간 어려운 일이 아니다. 축산업자의 사육 방식, 식육 가공공장에서의 정밀한 발골 등이 따라줘야 한다. 기계의 정밀도를 유지하고 기계를 점검, 관리하는 기술이 필요한 공업제품의 생산방식과도 다르다.

어느 국가에서 들여오느냐에 따라 큰 영향을 받기도 한다. 소는 생물이기 때문이다. 소가 어떤 병에 걸리기라도 하면 수입이 금지되거나 제한된다. 주로 BSE(우해면상뇌증)나 구제역 같은 질병이 그것이다.

이케모토 부장은 이렇게 말했다.

"만일 브라질, 아르헨티나 같은 남미의 소고기 생산국에서 수입할 수 있게 된다면 비즈니스의 양상이 크게 달라질 것입니다."

과거에 발생했던 구제역 때문에 일본 정부는 지금도 브라질산, 아르헨티나산 생고기 수입을 인정하지 않는다. BSE의 발생으로 미국산 소고기 수입도 큰 영향을 받은 적이 있다. 중국 본토는 지금도 공식적으로는 미국산 소고기 수입 금지를 풀지 않았다. 소고기는 먹을거리이기에 살아있는 생물인 소가 병에 걸리면 인간에게 영향을 미치는 것은 말할 나위도 없다.

BSE의 기억을 떠올려 보면 지금도 꺼림칙한 기분을 떨쳐낼 수 없다. 1986년에 영국, 2001년에 일본, 그리고 2003년에 미국에서 연이어 확인된 BSE는 당시 광우병이라고 불렀다. 비틀거리며 걷는가 하면, 갑자기 푹 쓰러지는 소의 영상에 전율을 넘어 공포를 느꼈다. 돌연 불고기집에 갈 마음이 싹 사라졌다. 그토록 좋아했던 소고기를 외면하고 돼지나 닭으로 대체했던 기억도 있다.

광우병 원인을 찾는 보도 중에서는 죽은 소로 만든 '육골분'이 소 먹이로 들어가 광우병이 발병했다는 식의 추론이 제기되기도 했다. 온몸의 털이 곤두서지 않을 수 없는 보도였다.

해서 괜찮은 것과 해서는 절대 안 되는 나쁜 것의 경계선이 명료하게 드러나던 상황이었다. 생물을 사육하는 데 있어서 넘으면 안 되는 선을 넘었다는 느낌이 엄습해왔던 것이다. 무의식적인 형태로나마 우리 안에는 그런 느낌이 존재한다. 소고기는 먹을거리이지 공업 제품은 아니라는 것을 다시금 생각하게 된다.

지구가 버텨낼 수 있을까

중국의 엄청난 폭식을 계기로 우리는 세계 곳곳에서 벌어지는 격렬한 소고기 쟁탈전을 새삼 알게 되었다. 일본의 먹을거리를 지킬 사명이 우리에게 있다는 자긍심으로 상사원들이 취재에 응해준 덕분이다. 취재팀 앞에 차례로 모습을 드러낸 터무니없는 현실, 무시무시한 사태. 그것을 직접 눈으로 확인했으나 방송으로 나간 뒤에도 그 내용을 다시 한 번 음미하고 싶었다.

분명히 그것은 상상도 할 수 없을 정도의 '양'과 혹독한 '가격'을 '곱하기'하는 세계였다. 소비 과열과 극심한 가격변동을 기회로 삼아 한몫 잡으려는 막대한 돈의 세계였다.

우리는 숫자만이 춤추는 자본주의의 세계에 압도당했고 공업제품처럼 취급되는 고기와 곡물의 알려지지 않는 세계에 압도당했다.

취재를 진행하는 동안 우리 내면 저 깊은 곳에서 힐끔힐끔 보이던 것이 점차 눈덩이처럼 커져가는 것을 느꼈다. 그것은 어느 사이엔가 우리의 생각을 사로잡는 주제가 되었다. 그것은 '계속 이

"

상상도 할 수 없을 정도의 '양'과
혹독한 '가격'을 '곱하기'하는 세계였다.
소비 과열과 극심한 가격변동을
기회로 삼아 한몫 잡으려는 막대한 돈의 세계였다.
우리는 숫자만이 춤추는 자본주의의 세계에
압도당했고 공업제품처럼 취급되는 고기와
곡물의 알려지지 않는 세계에 압도당했다.

"

런 일이 벌어지면 과연 지구가 남아날까?'라는 의문이었다. 유한한 지구에서 무한을 쫓는 무모함. 우리 인류는 지금 그것을 강요받고 있다.

생각해보면 대량의 소고기가 시장에 방출되고 그것을 세계가 순식간에 먹어치우게 된 근본적인 원인은 가뭄이었다. 대규모 가뭄은 주요 소고기 생산국인 미국에서 일어났고, 오스트레일리아에서도 2000년 이후 3차례나 일어났다. 소에게 먹일 대표적인 사료작물인 콩의 미래를 짊어진 브라질의 대초원 지대에도 가뭄이 찾아온 것을 우리 취재팀이 직접 목격하기도 했다.

농업 생산에는 얼핏 아무런 도움이 되지 않는 듯 보이지만 자연의 절묘한 균형에 결코 빠질 수 없는 존재가 초원의 나무다. 그것을 무작정 잘라내고 과도하게 개발하는 것은 제 발등을 찍는 것과 같다는 연구자의 경고에 정신이 번쩍 들었다.

눈앞에서 일어날 것 같지 않았던 파멸적인 상황. 그러나 그 직전에 비가 내리고 그야말로 천우신조로 농가는 화를 면했다. 그러나 천우신조는 늘 찾아오는 것이 아니다. 하늘이 더 이상은 무리라고 말하기 전에 인류는 무한을 추구하는 것을 멈춰야 하지 않을까.

아무리 과학기술이 진보해도 곡물의 품종개량이 비약적으로 생산 증대를 가져와도, 결국 소는 돼지나 닭보다 오랜 시간 동안 많이 먹이고 키울 수밖에 없다. 일정 시간은 넓은 목초지에서 방목해야 하는 생물이기 때문이다. 그 사실을 진지하게 생각해야 할 시점이다. 그래야 미래에 대한 희망이 있다.

제 **9** 장

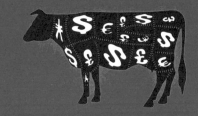

지구를 구하는 산촌 자본주의

산촌 자본주의와 어촌 자본주의

지금부터는 소고기 쟁탈전이 벌어지는 살벌한 현장에서 한 걸음 벗어나 그 대안으로 고려해 볼 만한 새로운 움직임에 대해 살펴보려고 한다.

나는 몇 년 전부터 세계 곳곳에서 '산촌(사토야마)과 어촌(사토우미)'을 살리려는 움직임을 추적하고 있다. '산촌 자본주의'와 '어촌 자본주의'라는 이름 아래 취재, 방송 제작, 집필 작업을 이어가고 있다.

풍요란 손에 쥐고 있는 돈의 액수로 정해지는 것이 아니다. 몸소 실천해서 얻는 것이야말로 진정한 풍요다. 내게 그 깨달음을 심어준 곳은 일본에서 가장 소외된, 고령화가 한창 진행된 추고쿠 산간 지역과 세토우치 바다에 있는 섬이다. 흔히 '시골에는 아무 것도 없다'고 생각하지만 두 지역은 '시골에는 뭐든 있다. 시골에 없는 것은 도시뿐이다'라는 것을 가르쳐 준 곳이다. 발상의 전환을 하게 됐다고나 할까.

두 지역은 묵혀둔 지역 자원, 이를 테면 산에 방치되어 있는 나무, 경작하지 않는 땅을 돈과 맞바꾸지 않고 직접 사용하거나 교환함으로써 풍요를 얻게 된 곳이다. 우리 제작팀이 그곳을 찾아 간 것도 그 때문이다.

이 마을 사람들의 실천적인 행동은 사실 우리 시대의 경제상식과는 동떨어진 것이다. 그래서 나는 머니자본주의에서 '머니'를 없애고 대신 산촌과 어촌을 붙여 산촌 자본주의, 어촌 자본주의라는 신조어를 만들었고 1년 6개월 가까이 방송으로 제작하고 있다.

이곳 마을 사람들은 '산은 돈이 되지 않는다', '풍부한 자연으로만 먹고 살 수는 없다'는 생각에서 벗어나 그 산에서 자란 나무를 에너지로 사용해 어느 정도는 에너지를 자급하기 시작했다. 세계대전이 끝나고 전기, 가스, 주유소 같은 편의시설이 생기면서 까맣게 잊었던 가마솥 밥맛도 떠올리게 됐다. 이를 두고 경제학자 모타니 고스케는 수십 년 동안 잊고 지낸 것들이 현재의 생

활경제와 공존하는 방식으로 회복될 때 비로소 미래가 있다고
말한다.

에코 스토브와 나무 발전소

히로시마 쇼바라 시에서는 와다 요시하루 씨를 중심으로 열효율
높은 취사 도구를 널리 알리는 활동이 펼쳐지고 있다. 주유소에
서 나오는 들통을 개량해 만든 '에코 스토브'라는 것인데, 강습회
를 통해 만드는 방법을 가르쳐주고 있다.

그 덕분에 일본의 북단 홋카이도에서 남단 규슈 오키나와에 이
르기까지 에코 스토브의 애호가들이 증가했다. 지금은 도쿄에서
도 에코 스토브를 이용해 근처 공원에서 모아온 나뭇가지와 낙엽
으로 가마솥 밥을 지어 먹는 사람이 많다. 각자 개인적으로 사용
하고 있어 정확한 데이터는 없지만, 대략 1000~2000개에 이르
는 에코 스토브가 일본 전국에서 현재 사용되고 있다. 이웃 나라
한국에서도 이 같은 현상이 점차 퍼지고 있다고 한다.

제재소에서 매일 나오는 나무 찌꺼기를 쓰레기나 산업폐기물로

처리하는 것이 아니라 에너지원으로 활용하면 제재소 경영이 개선되고 마을의 미래 에너지도 달라진다.

실제로 오카야마 마니와 시에서는 2015년 봄, 몇몇 기업과 개인이 출자하여 출력 1만킬로와트의 '나무 발전소'를 완성해(가동한 지 몇 개월 만에 1만킬로와트에 가까운 출력을 안정적으로 공급하고 있다) 매일 2만2000세대에 전기를 조달하고 있다.

그나저나 불태울 나무를 계속 모을 수 있을까? 그런 걱정은 그저 기우에 지나지 않았다. 근처 산에서 간벌재가 나오는 것은 물론이고 '나무를 갖고 있으면 언젠가 돈이 된다'고 믿어온 사람들이 집적장에 나무를 모았다. 그곳에 가면 나무껍질도, 잔가지도 다 있다. 태양광 발전 패널을 설치하기 위해 잘라놓은 나무도 있다. 그곳에 높게 쌓아올린 잡다한 나무 더미를 보고 있으면 왠지 기운이 난다. 100퍼센트 지역에서 얻은 에너지 자원이기 때문이다.

젊은 사람들이 도회지로 빠져나가버린 세토우치 바다의 미칸노시마(귤의 섬)도 그러한 곳이다. 미칸노시마에는 신혼여행으로 갔던 프랑스 파리에서 우연히 맛본 잼에 매료되어 곧장 잼 가게를 연 사람이 있다. 그 잼 가게를 시작으로 지금은 여러 세대의 사람들이 이곳으로 이주해 창업을 했다.

그 잼 가게는 야마구치 스오시마초에 있는 '세토우치 잼스가든'
이다. 이곳에선 매년 봄에 '팜페스타'라는 이벤트를 열고 있다. 이
행사에 참여하기 위해 수많은 방문객과 제빵사들이 밀려들고 있
다. 세찬 비가 내려도 참가자들은 아랑곳하지 않을 정도다. 일본
전역에서 모범적인 행사 사례를 많이 보아온 나로서도 놀라운 광
경이었다.

'세토우치 섬의 잼과 세토우치 해안에서 운영하는 빵가게의 콜
라보 행사를 열자.'

점주 마츠시마 다다시의 제안으로 시작된 팜페스타에는 수많은
빵집이 참가신청을 하는데 그중에는 고베의 빵집도 있다. 제빵업
계에서 고베 제빵사만큼만 세련되면 된다는 말이 있을 정도로 콧
대가 센 고베에서 말이다. 이제 시대 흐름이 바뀌고 있는 것이다.

1년6개월이 걸린 다큐멘터리 <산촌 자본주의>를 제작한 후 우리
는 바다 쪽도 취재했다. 무대는 눈앞에 펼쳐진 일본 최대의 내해[內]

※ 세토우치 바다다.

처음엔 무슨 대단한 게 있겠어, 시골에? 싶었다. 솔직히 산촌 다음에는 어촌이라는 가벼운 마음으로 시작한 것이다.

1970년대에 초등학교를 다녔던 나는 수업 중에 미나마타병과 이타이이타이병 같은 '공해병'을 배웠는데 당시 세토우치 바다는 해수욕에 적합하지 않다는 사실을 머릿속에 담아 두었던 것 같다.

그런데 취재를 진행하는 동안 눈을 부릅뜨게 되었다. '적조 바다'니 '빈사상태의 바다'니 하는 말을 들을 정도로 몸살을 앓던 바다에 극적인 변화가 생겼다는 보고가 젊은 취재진을 통해 속속 들어왔다.

산촌 자본주의의 용사들이 30년 동안 노력해온 덕에 몇 년 전부터 뭔가 뜨거운 것이 일본의 바다에서도 일어나고 있었다. 어부와 연구자들이 20년 이상 이어온 노력이 그들 자신도 놀랄 만한 성과를 최근 보이기 시작한 것이다.

우리는 오카야마 비젠 시 히나타마치에 사는 어부의 배를 타고 바다로 나가 봤다. 우리 앞에는 예상치도 않았던 수중 숲이 나타났다. 한동안 어부들은 거머리말이라는 해초의 씨앗을 매년 1억 개 정도 계속 뿌려왔다고 한다. 그러자 5~6년 전부터 거머리말이 여기저기서 무성히 자라기 시작했다. 해안에 콤비나트가 세워지면서 공장 배수와 생활오수 때문에 수영을 할 수 없을 정도로 수질이 악화된 뒤 거의 사라져버렸던 거머리말이다.

그 당시에는 지금처럼 거머리말이 무성하게 자란 모습은 상상할 수도 없었다고 한다. 그래선지 어부들의 자부심은 대단했다. 거머리말의 꽃눈을 딸 때도 씨앗을 뿌릴 때도 어부들의 얼굴엔 웃음이 가득했다.

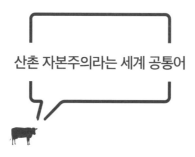

산촌 자본주의라는 세계 공통어

20세기에서 21세기로 넘어갈 무렵, 내가 히로시마로 부임했을 때 세토우치 바다에서의 수영 금지는 이미 오래 전에 풀린 상태였다. 하지만 주변 사람들은 "해수욕은 세토우치해보다 동해 쪽이 좋다"고 말했다. 실제로 히로시마 시에서 앞쪽 해수욕장에 가보니 빈번히 배가 오갔고 점심 무렵이 되자 많은 사람들이 "바닷물이 탁하다"며 물에서 나왔다.

그로부터 7년이 지난 2011년 오랜 만에 히로시마로 돌아온 나는 세토우치 바다의 물이 여전히 오염된 상태일 것이라고 생각했다. 머릿속에 세토우치 바다에 대한 선입견이 박혀 있었기 때문에 다른 생각은 전혀 들어오지 않았다. 젊은 후배들이 여름에 가족과 함께 세토우치 섬에서 즐거운 시간을 보냈다는 이야기를 해도 그저 여름휴가를 그 근처에서 보냈나 보다 하고 흘려 넘겼다.

그러나 어촌 제작팀의 젊은 제작진들은 선입견이 없는 데다 세토우치 바다의 적조를 본 적이 없기 때문에 보다 긍정적으로 다가갈 수 있었다. 그들은 예비지식을 갖고 있지 않았기 때문에 굳이 선입견에 사로잡힐 일도 없었다.

수차례 세토우치 바다를 오가며 보고 들은 뒤에야 겨우 그 변화에 눈을 뜬 나는 "예전의 세토우치 바다를 아는 사람이면 믿을 수 없는 기적"이라고 말했다. 그제서야 젊은 제작진들도 자신들이 놀라운 현장을 목격했다는 사실을 새삼 실감했다. 이런 경험을 여러 차례 반복하면서 취재는 우리가 상상도 하지 못한 방향으로 흘러갔다.

어촌 소식은 해외에도 그대로 전해졌다. 처음에 서구인들은 바다를 경외하고, 바다 생물이 잘 살아가도록 보살펴주는 '신'의 존재를 믿는 우리의 사고방식에 거부반응을 보였다. 유일신을 믿는 그들에게 일종의 다신교적 관점이 마뜩찮았던 모양이다.

그러나 우리 연구자들은 어촌 자본주의의 본가인 세토우치 바다에서 실제로 어떤 일이 일어났는지 부지런히 연구하여 그들의 친구가 되었다. 이제 어촌 자본주의는 해양오염이나 수산자원 고갈에 어려움을 겪는 세계 각국의 해결책으로 알려지면서 세계 공통어가 되어가고 있다.

어촌 자본주의와 산촌 자본주의는, 인간을 풍요롭게 하는 '경제행위'와 자연환경을 개선하려는 '환경보호'를 등한시 한 20세기형 경제 혹은 20세기적 가치에 반기를 든 것이다.

어촌 자본주의가 제안하는 것은, 인공적인 방법을 가하지 않는다는 점이다. 자연에서 멀리 떨어져 자연 그대로 내버려두기보다는 가급적 '생명 사이클'을 활성화하여 생물의 종류와 수를 늘리는 것이다. 그런 사고방식과 행동 배경에는 경제와 환경이 서로 손을 마주잡고 사이좋게 공통의 목표를 향해 나아가는 구도가 깔려 있다.

그것은 고도성장이 시작되기 전의 시대, 그러니까 어촌을 살리려는 노력이 시작되기 '전(前) 시대의 전(前) 시대' 사람들이 갖고 있던 지혜다. 지금 그 지혜를 되살려내면 막다른 곳에 내몰린 지구의 미래에 새로운 문명을 가져다 줄 힌트를 얻을 수도 있지 않을까. 그렇게 보면 어촌 자본주의는 '전(前) 시대'를 지배해온 시대정신과 달라서 우리에게 새로운 길을 제시한다.

어떤 문제가 닥치면 우리는 '세분화'하고 '개별화' 해서 해결하려고 했고 그렇게 하라고 강요받아왔다. 그것이 합리적이고 빠른 지름길이라고 여겼다.

그러나 정말로 그 방법밖에 없는 것일까? 모든 요소를 함께 감안해 해결해도 좋지 않을까? 그 방법이 오히려 더 수월하지 않을까? 어촌 자본주의는 우리에게 그렇게 묻는다.

왜 우리는 그동안 '풍요로워지려면 자연을 희생시킬 수밖에 없다'고 생각했을까? '자연을 소중히 대할 생각이면 풍요를 추구하는 마음은 버려야 한다'고 말해 왔을까? 서로 손을 잡고 도움을 주고받는 관계 속에서 함께 나아가면 안 되는 것일까? 어촌 자본주의는 이 같은 미래적인 의미에서 '인간다운 시대'의 서막을 우리에게 열어 보였다.

산촌 자본주의의 사례를 통해 그것이 구체적으로 무엇을 말하

"

왜 우리는 그동안 '풍요로워지려면
자연을 희생시킬 수밖에 없다'고 생각했을까?
'자연을 소중히 대할 생각이면 풍요를 추구하는
마음은 버려야 한다'고 말해 왔을까?
서로 손을 잡고 도움을 주고받는 관계 속에서
함께 나아가면 안 되는 것일까?
어촌 자본주의는 이 같은 미래적인 의미에서
'인간다운 시대'의 서막을 우리에게 열어 보였다.

"

는지 살펴보자.

자식이 도시로 떠나 고향에 쓸쓸히 남은 노인, 일하고 싶지만 일자리가 없는 어머니, 보호시설이 없어 어머니와 단 둘이 있는 어린 아이…….

지금까지는 이런 문제를 하나하나 세분화하고 개별적으로 대처해왔다. 노인이 데이케어 서비스를 받으러 가는 복지시설, 일자리를 찾는 어머니와 상담해주는 시설, 아동을 보살펴주는 시설을 각각 분리해서 대책을 세워왔다. 하지만 이제 우리에게는 그럴 돈이 없다. 아니, 오히려 빚더미 위에 앉아있다.

자, 그렇다면 어떻게 해야 할까? 이때 발상을 바꿔서 옛날에 그랬던 것처럼 이들을 '한 곳에' 모으는 것이다. 어머니가 일하러 나간 동안 할머니가 아이를 맡아 노래도 불러주고 기저귀도 갈아주고 식사도 만들어준다. 할아버지들은 글자 쓰기를 가르치거나 함께 숫자를 세며 아이들을 수학의 세계로 인도한다. 아이들은 당연히 좋아한다.

기쁜 것은 아이만이 아니다. 자신의 존재 가치를 확인하게 돼 노인도 큰 기쁨을 얻는다. 일을 마치고 아이를 데리러 오는 부모 또한 기쁘다.

아이를 돌봐준 할아버지 할머니에게 시급을 지불하기는커녕 오히려 산나물을 넣어 지은 밥을 할머니에게 얻어 먹는다. 모두가

"고맙다. 내일 또 만나자"며 헤어진다. 우리가 원하는 '반가운 미래'가 아닐까?

이처럼 전前 시대에 미국에서 시작돼 100년간 이어져온 단일 패턴의 삶의 방식에 반기를 든 것이 산촌 자본주의, 어촌 자본주의다.

일본에서 꽃피우는 산촌·어촌 자본주의

2014년 히로시마에서 다시 도쿄로 돌아온 나는 세계 소고기 쟁탈전으로 전 세계를 누빈 제작팀과 매일 의견을 주고받으며 일본 각지의 방송국 디렉터를 도와 방송 제작에 몰두했다.

그중에는 2004년 니가타 주에츠 지진으로 대규모 산사태가 일어나 전 주민이 대피해야 했던 야마고시무라의 10년 뒤 모습을 취재한 디렉터가 있었다. 숫자만 보면 인구가 줄고 고령화도 상당히 진행되었다. 하지만 실제로 그곳을 방문해보니 마을 이곳저곳에서 웃음소리가 끊이지 않았다.

지진 당시 모든 주민이 마을 밖으로 피했고, 마을은 그야말로 괴멸되다시피 했다. 하물며 재해를 당한 다음 해 야마고시무라는 이웃 나가오카 시에 흡수 병합되었다. 마을 이름도 사라질 상황이었다.

　그러나 합병 직전 마을 사람들은 "고향에서 살겠다"고 목청껏 선언했다. 앞으로의 나날들을 그곳에서 지내겠다는 단순한 이유와 신념 앞에 경제적 합리성과 편리성 같은 건 끼어들 틈이 없었다.

　그런 신념 때문이었을까? 재해를 입은 지 10년이란 세월이 지나자 야마고시무라에서는 예전의 산촌 풍경이 되살아났다. 무너진 계단식 논을 하나하나 복구하여 다시 물로 채우자 벼가 바람에 일렁였다. 바닥이 갈라진 연못도 보수해 놓아 비단잉어가 유유히 노닐고 있었다. 돌보는 대로 쑥쑥 자라는 벼는 육친을 잃은 가족의 마음을 조금씩 치유해주었다. 사람과 자연이 서로에게 위안이 되는 산촌이 거기에 있었다.

　전국 방송국 디렉터들이 찾아다닌 주제 대부분은 사실 '역경이 지금까지의 상식을 뒤엎고 새로운 지평을 열었다'는 것이었다. 대표적인 사례가 공교롭게도 소고기에 관한 이야기다. 삿포로 지국의 젊은 디렉터가 지금까지의 상식을 뒤엎는 방법으로 소를 사육하는 축산 농가를 알려줘 몇 개월 동안 그곳을 취재했다.

"

지진으로 인한 산사태가 발생한 지

10년이란 세월이 지나자

야마고시무라에서는 예전의 산촌 풍경이 되살아났다.

무너진 계단식 논을 하나하나 복구하여

다시 물로 채우자 벼가 바람에 일렁였다.

바닥이 갈라진 연못도 보수해 놓아

비단잉어가 유유히 노닐고 있었다.

돌보는 대로 쑥쑥 자라는 벼는

육친을 잃은 가족의 마음을 조금씩 치유해주었다.

사람과 자연이 서로에게 위안이 되는

산촌이 거기에 있었다.

"

철저히 자연 그대로

홋카이도 남동부에 있는, 휴대전화 전파도 닿지 않는 산 속 목장이 그 무대였다. 한창 때는 800마리의 소가 사육되고 있었던 곳이다. 하지만 소고기 수입 자유화와 수입 사료의 가격 폭등으로 지금은 고작 9마리밖에 안 남았다.

이제 그만 포기할까? 목장주는 심각하게 고민하지 않을 수 없었다. 하지만 부모가 고생해 지켜온 100헥타르의 목장에서 소 사육을 순순히 포기하고 싶지는 않았다. 부모 뒤를 이어 목장주가 된 그녀는 축산 상식을 뒤집는 도전에 나섰다.

곡물 같은 먹이를 일체 주지 않고 24시간 365일 '자연 그대로' 소를 들판에 놓아 키우는 방법을 선택한 것이다. 전대미문이라할 '야생' 소로 사육하는 것이다. 비용을 들여도 비싼 값에 팔 수 없는 게 축산업의 현실이다. 그렇다면 비용을 최소한으로 줄이자고 생각했다. 출하량은 줄겠지만 비용 때문에 부채가 늘어나는 것만큼은 피할 수 있을 것이라고 판단했다.

자연 그대로 키운 소는 과연 인기가 있을까

머니자본주의 틀에서 탈피한 산촌자본주의는
새로운 차원의 생산 소비 체제를 낳고 있다.

그리고 철저히 '자연 그대로'를 실천했다. 기온이 영하 20도로 내려가는 혹한기에만 예외적으로 목초를 제공해주자 소들은 자력으로 생존했다. 자연에서 나는 풀이나 눈^雪 아래서 얼굴을 내민 어린 풀줄기, 때로는 울타리 너머 있는 꽃줄기를 먹기도 한다. 물도 목장 안을 흐르는 계곡으로 내려가 스스로 마신다.

소는 자유로이 온종일 지낸다. 앉아 있는 소는 햇볕 아래서 우물우물 되새김질을 한다. 서로 머리를 부딪치고 이리저리 달리며 뒤를 쫓는다. 때로는 달리기 시합도 한다. 그 경쾌한 한가로움에 눈을 뗄 수 없다. '소가 이렇게 잘 달리는구나' 하고 새삼 놀라기도 했다.

이 농장에서는 인공적으로 교배도 하지 않는다. 송아지가 태어나도 사람이 돌보지 않고 어미 소가 젖을 물려 키운다. 대개 송아지가 태어나면 면역력을 키워주는 초유만 먹인 뒤에 곧바로 사람 손으로 키운다. 요즘 축산에서는 그런 방법으로 효율을 높이는 게 상식이다. 그런데 오히려 상식을 버렸다. 송아지는 어미 소의 사랑을 받으며 자라고 어미는 새끼를 걱정한다.

어느 날 놀라운 일이 일어났다. 풀밭에서 태어나다 떨어져 송아지가 죽은 것이다. 목장주인 여성은 가슴이 아팠다. 외양간에서 태어났으면 도와 줄 수 있었을 것이라고 생각했기 때문이다. 그런데 그 뒤 생각지도 못한 일이 일어났다. 죽은 송아지를 대형 트

랙터에 실어 운반하려고 하자 어미 소가 새끼의 곁을 떠나지 않았던 것이다. 그리고는 구슬프게 울어댔다. 그러자 주위의 소들도 같이 울었다. 모든 소가 함께 울었다.

송아지의 사체를 운반한 뒤 다시 소를 셌다. 그런데 한 마리가 부족했다. 그 어미 소는 여전히 '그곳'에 있었던 것이다. 송아지가 태어나다가 떨어져 죽은 그곳 말이다. 목장주가 다가가도 꿈쩍하지 않았다.

우리는 그 모습에서 눈을 뗄 수 없었다. 어미 소의 슬픔이 고스란히 전해져 왔다. 야생 소에 대한 의미를 다시금 생각하게 됐다. 무엇을 소중히 지켜야 하는가. 그런 생각은 확신으로 변했다. 목장주는 이렇게 말했다.

"축사 밖에서 생존하는 것은 그 자체로 가혹합니다. 하지만 그것을 극복했을 때 비로소 살아갈 힘을 갖게 된다는 것을 깨달았습니다. 그 힘은 식육이 되고 나서도 몸속에 깃들어 있겠지요."

지난 해 이 목장에서 출하된 소는 불과 5마리다. 매출은 250만 엔 정도. 목장 부지에 부과된 세금과 중장비의 연료비를 빼면 마이너스다. 지금 가족의 생계는 다른 목장에서 일하는 남편의 수입에 의존한다. 그래도 목장주는 야생 소를 키워 부부와 세 아들이 살아가길 바란다. 활로는 어딘가에 있을 것이다. 그것은 소가 살아가는 힘일 것이다.

단단한 육질의 고기와 만나다

그렇다면 상식을 파괴한, 단단한 육질의 붉은 고기를 소비자에게 전할 수 있을까? 최근 시가 현의 한 업자가 그 가능성을 발견했다. 그는 이렇게 말했다.

"붉은 살코기는 질기잖습니까? 단단한 육질을 가진 엄청난 고기를 만났다고 생각했지요. 그러다 현지에 와서 직접 소들이 여유롭게 지내는 모습을 보았습니다. 소는 자생으로 자란 풀을 먹더군요. 소가 내달리는 광경도 처음 봤습니다. 이리저리 뛰어다니니 육질이 단단해지는 것은 당연했습니다. 그 단단한 육질을 사람들에게 전하고 싶습니다."

배합한 수입 사료 대신 자연에서 자란 풀을 먹고 자유로이 목장을 돌아다녀 몸이 단련된 야생 소의 고기는 와규의 대명사 '마블링'과는 정반대의 품질일 터이다.

소고기덮밥으로 사용하는 부위가 지방이 많은 쇼트 플레이트인 것에서 알 수 있듯 대다수 사람은 소의 지방을 좋아한다. 반면 야생 소의 고기는 지방이 거의 없어 질기고 단단하다. 그러나 그것이 바로 '살아있다'는 증거다. 상식적인 축산업에서 말하는 우수한 소와는 전혀 다른 생물 본래의 소로 자랐다는 증거다.

"살아있는 육질을 먹고 싶어 하는 소비자가 늘어가고 있습니다."

식육 매입업자의 말이다. 그가 그런 식육을 주목하게 된 것은 BSE(광우병) 때문이었다고 한다. 소비자의 안전의식이 높아지고 있음을 피부로 느낀 그는 소비자의 요구에 맞는 소고기를 찾던 중 이 단단한 육질의 고기와 만났다. 이 고기에게서 미래를 보았던 것이다.

마블링 대신 살아있는 육질

관심 있는 요리사와 소비자들이 '자연 그대로' 목장 견학에 참가했다. 눈앞에 펼쳐진 초원을 이리저리 달리고 송아지가 어미 소의 젖을 먹는 '자연 그대로'의 모습을 직접 본 것이다.

실제로 그 소를 먹어보는 행사를 도쿄 산겐자야 근처의 프랑스 레스토랑 셰프가 마련했다. 단단한 육질의 맛을 최대한 살리기

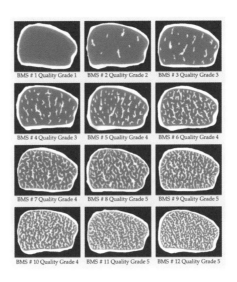

BMS # 1 Quality Grade 1 · BMS # 2 Quality Grade 2 · BMS # 3 Quality Grade 3
BMS # 4 Quality Grade 3 · BMS # 5 Quality Grade 4 · BMS # 6 Quality Grade 4
BMS # 7 Quality Grade 4 · BMS # 8 Quality Grade 5 · BMS # 9 Quality Grade 5
BMS # 10 Quality Grade 4 · BMS # 11 Quality Grade 5 · BMS # 12 Quality Grade 5

곡물 사료로 키운 소고기의 화려한 마블링
마블링보다는 자연재료를 먹고 자란
단단한 육질의 소고기를 선호하는 소비자들이 늘고 있다.

위하여 가볍게 열을 가한 로스트비프가 야채와 함께 손님 앞에 나오자 환성이 터졌다. 손님들은 고기를 입에 넣고 꼭꼭 씹었다. 질겨서 싫다고 말하는 사람은 없었다. 시식회는 만족스럽게 진행됐고 앞으로 이런 고기를 먹고 싶다는 이들이 많았다. 그리고는 조만간 한 마리를 출하해달라고 요청했다.

홋카이도의 목장주는 행동에 나섰다. 출하될 소를 외양간에서 일정 기간 사료를 먹여 살찌우려고 했다(이런 결정에 배신감을 느끼는 사람도 있을지 모르지만 목장의 경영 상태를 생각하면 이 선택을 비난할 수는 없을 것이다).

그런데 다시 놀라운 일이 일어났다. 처음에는 곡물이 들어간 먹이를 먹던 소가 차츰 먹이를 남기고 콧바람으로 날려버렸다. 그러더니 울타리 틈새로 코를 내밀고 주위를 자유로이 노니는 소들의 모습을 하염없이 바라보았다. 그야말로 숙식이 제공되는 혜택 받은 생활을 견디지 못한 것이다. 야생 소의 실체를 우리는 다시금 볼 수 있었다.

목장주는 소를 다시 외양간 밖으로 풀어주었다. 외양간 문을 열자 소가 조심스레 밖으로 나왔다. 그리고 다리로, 코로, 흙의 감촉을 확인한 뒤 달리기 시작했다. 온몸을 튕기듯이 달려나갔다. 달려가는 그 소의 모습을 보면서 목장주는 앞으로 무엇을 우선하고 무엇을 소중히 생각하며 소를 키워야 할지 다시금 확인할 수 있었다.

외양간에 갇혀서 움직이지도 못하고 먹고 싶은 것도 먹지 못한 소는 스트레스를 받는다. 그것은 고스란히 육질로 나타난다. 그렇다면 일부러 소비자에게 단단한 고기를 제공하는 건 의미가 없다. 그저 단단하기만 하고 '살아있는' 힘이 깃들지 않은 고기가 되어버린다.

연대하는 산촌 자본주의

소를 출하하는 날 목장주 여성은 지켜보는 사람이 당혹스러울 만큼 허둥댔다. 마치 자기 자식을 떠나보내는 것 같았다. 그 모습을 보고 우리는, 소가 그저 자유로이 자연 그대로 자란 것만은 아니라는 것을 확인할 수 있었다.

마음껏 풀을 뜯는 것도, 때로는 목장 울타리 바깥으로 나갔다가 무사히 돌아오는 것도 다 사람이 지켜주고 유도했기 때문이다. 소에게 끊임없이 말을 건네고 건강 상태에 마음을 쓰는 사람이 있었기 때문이다. 소에 대한 깊은 애정, 그 보호 속에 어미 소와 새끼소의 사랑은 성립할 수 있다. 자연에 인간의 손길이 닿음으로써 비로소 활성화되는 생명의 사이클이 있다. 산촌 자본주의란 그런 것이다.

이 방송을 제작한 뒤 몇 개월이 지나 나는 의외의 사실을 알게 되었다. 그 목장주가 사실은 훨씬 전부터 내가 알고 지내는 산촌 자본주의의 오랜 친구와 연결되어 있었다는 것이다.

내 오랜 친구들은 시마네 현 오난초에서 경작을 포기한 땅을 살려내 새로운 가치를 만들어낸 사람들이다. 경작을 포기한 드넓은 토지는 풀이 무성한 곳이었는데 그곳을 빌려 소를 놓아 키운 뒤 우유를 생산한다.

소는 365일 24시간 자유로이 풀을 먹는다. 풀이 무성했던 땅은 이윽고 상쾌한 바람이 지나가는 초원이 된다. 그곳에서 생산한 우유는 곡물을 사료로 먹인 소의 것보다 맛이 진하다. 절묘하게 배합한 영양가 높은 곡물사료를 먹인 소의 우유보다 맛이 좋았다. 그 이유를 명쾌하게 목장주가 말했다.

"먹는 것이 다르니까요. 여기서는 100종류 이상의 먹이를 먹지만 배합사료는 고작 몇 종류에 그치거든요."

충분히 납득할 수 있는 말이었다.

반가운 미래를 위한 반가운 소 사육

오난초에서 이렇게 자란 소고기를 매입하는 데라모토 히데히토 씨는 다른 지역 사람들과 교유하던 중 홋카이도에서 진행되고 있는 야생 소의 도전을 알고 시가 현의 매입자와 정보를 공유했다. 그들은 함께 싱가포르도 돌아보고 아시아의 도시인들이 무엇을 원하는지 조사했다.

데라모토 씨는 곧 새로운 움직임이 시도될 것이라고 말했다.

"우리 아버지를 비롯해 소를 키우기 시작하는 사람이 증가하고 있습니다."

옛날 농가에서 평범하게 소를 키우던 방법을 다시 부활시키고 있는 것이다. 일단 시작해보니 고생보다 즐거움이 앞섰고, 소에게 애정을 쏟으면서 아버지 자신도 건강해졌다고 데라모토는 씨는 말했다. 바람직한 미래를 지향하는 바람직한 소 사육을 지역에서 되살리기 시작한 것이다.

'산촌 자본주의 그 이후의 모습'을 취재하는 중에도 소에 관한 이야기는 여기저기서 들려왔다. 추고쿠 지방의 산간 마을에서도 종전 후 경제가 성장하기 전에는 모든 농가에서 소를 키웠다. 쌀과 밀을 논밭에서 재배하고 부산물로 나온 짚이나 밀기울을 사료로 소에게 먹였다. 그것은 그 토지에서 나고 자란 생명이다. 그 모든 것은 소의 먹이가 되었기에 쓸모 여부를 일일이 구별할 필요가 없었다.

옛날엔 도로가 교차하는 교통 요충지에서는 정기적으로 우시장이 열렸다. 장이 서는 날이면 이곳저곳에서 소를 끌고 사람들이 찾아왔다. 어느 사이엔가 많은 소들이 모이고 시끌벅적해진다. 사람이 모이고 시장이 서는 것 자체가 지방 경제에 영향을 미친다.

수입 사료의 가격 인상으로 축산이 하향곡선을 그리기 시작한 홋카이도에서 시작된 야생 소 사육, 경작 포기지가 속출하는 추고쿠 산간 마을의 완전 방목 낙농, 그리고 부활하기 시작한 농가의 소 사육……. 세계의 소고기 쟁탈전이 끝을 향해 치닫고 있는 지금, 바람직한 움직임이 아닐 수 없다.

제**10**장

기후변동, 식량 위기는 어떻게 피할까?

세계가 인정한 산촌 자본주의, 사도

최근 들어 산촌 자본주의가 세계적으로 전개되고 있다. 한 심포지엄에서 만난 도쿄 대학 다케우치 가즈히코 교수가 확인해준 사실이다.

그는 산촌 자본주의를 주제로 아시아 각국의 전문가들이 참가하는 회의가 열린다며 나를 초대했다. 장소는 니가타 현의 사도다. 사도는 이탈리아 로마에 본부를 둔 유엔의 FAO(식량농업기구)가 인정하는 세계농업유산 중 한 곳이다.

이곳에서는 산촌 자본주의를 절묘하게 운영해 세계적으로 높이 평가받고 있는 게 있다. 생뚱맞게 들리겠지만 따오기 농법이다. 일본에서 따오기는 멸종했지만 중국에서 몇 마리를 들여왔다. 사도의 주민들은 논밭에서 다시 연분홍빛 따오기 모습을 보기 위해 아름다운 도전을 시작한 것이다.

따오기는 논에 사는 미꾸라지나 개구리, 곤충 등을 먹고 자란다. 따라서 논의 환경이 무엇보다 중요하다. 농약을 사용하면 따오기는 번식할 수 없다. 농약을 뿌리고 화학비료를 사용하여 논밭에 생물이 사라지자 따오기의 개체수가 줄다가 결국 멸종했다.

일본 각지와 중국과 한국, 필리핀 등지에서 연구자들이 '따오기 쌀'을 생산하는 농가의 방식을 보러 오기도 했다. 농가는 1년에 한 번 스스로 논에 이식한 생물의 생태를 조사한다. 이 조사를 하지 않으면 '따오기 쌀'이라는 이름은 붙일 수 없다.

농부는 논두렁 옆에 있는 연못에 어떤 생물이 살고 있는지도 함께 조사한다. 요즘 시골에서도 보기 드문 물장군이나 물방개, 송사리나 미꾸라지 같은 작은 물고기, 올챙이가 망에 걸려나온다. 이런 조사를 하는 것은 농가의 환경의식을 높이기 위해서라고 한다.

그도 그럴 것이, 생물의 종류가 늘어나면 논밭의 환경이 좋아지는 것을 실감할 수 있기 때문이다. 그렇게 되면 농약 사용을 줄이는 등 과거보다 더 적극적으로 참여하려는 의욕이 생긴다. 게다가 그런 논밭에서 나온 쌀은 분명 맛이 좋다. 따오기를 위해 자연환경을 개선하자 맛 좋은 쌀 생산으로 이어진다. 그게 다 결국은 사람을 위한 것이 된다.

따오기 쌀은 번지르르한 이미지에 그치는 게 아니라 실질적인 효과를 낳고 있다. 사람이 자연을 위로하고 생명 사이클을 활성화시키면 그 성과가 다시 사람에게 돌아오는 것이다. 이것이 바로 산촌 자본주의다.

심포지엄에는 이시카와 현에 있는 노토(이곳도 FAO가 인정한 세계 농업유산 중 한 곳)의 연구자도 참가하였다. 이들은 계단식 논에서 쌀을 재배하는데 그 노하우를 필리핀의 이푸가오 계단식 논에도 전하고 있다. 필리핀에서 온 연구자들과 지혜와 생각을 나누는 것이다.

우리는 논두렁 생물 조사를 마친 뒤 버스를 타고 논길을 달렸다. 멀리서 따오기의 분홍빛 날개가 보였다. 따오기는 햇살을 받아 빛나고 있었다. 그 아름다운 모습에 환성이 터진다. 잠시 뒤 다른 따오기의 모습도 눈에 들어왔다. 이렇게 100여 마리의 따오기가 논밭을 날고 있다고 한다.

우리 일행은 주변에 양조장이 있어서 들어가 봤다. '따오기 쌀'로 빚은 술이 멋지게 디자인된 상자에 담겨 진열되어 있었다. 한정품으로 이곳 사도에서만 살 수 있다고 했다. 쌀은 인근 농가가 완전히 무농약으로 손수 재배한 코시히카리다. 술을 빚기 위한 쌀이 아니라 코시히카리로 빚은 술도 있다. 마셔보니 놀라울 만큼 청량한 맛이 났다. 따오기로 시작된 산촌 자본주의의 기운이 널리 확산되고 있었다.

자연친화적인 따오기 농법

따오기가 생존할 수 있는 환경 속에서
건강한 먹을거리를 생산하는 농가도 생겨나고 있다.

숭어가
돌아왔다

그로부터 2개월 뒤 노토를 방문할 기회를 얻었다. 인연을 만들어 준 것은 이번에도 고쿠렌 대학이었다. 노토에는 산도 있고, 바다도 있다. 서로 매우 근접해 있다. 벼 베기가 시작된 논 바로 맞은 편에는 바다가 펼쳐져 있다. 굴을 매단 뗏목과 부표도 내려다보인다.

어부는 농부이기도 하여 논도 함께 보살핀다. 산을 관리하고 그산에서 버섯이나 산나물을 채취한다. 산이 좋아지면 바다로 흘러드는 물 성분이 좋아지고, 산에서 나온 영양분으로 자란 굴의 생육도 좋아진다.

노토에서만 볼 수 있는 전통 어법도 되살아났다. 숭어를 잡기 위해 대나무로 만든 망루를 쓰는 것이다. 망루는 해안에서 그리 멀지 않은 바다 속에 세우고 물속에 망을 친다. 숭어가 대나무의 망루를 통과하는 때를 노려서 망을 들어 올려 숭어를 산 채로 잡는다. 어부는 뙤약볕에서 온종일 숭어를 기다린다. 숭어의 습성을 아는 어부는 바다의 잉여분을 이렇게 나눠 받는다. 물고기 잡이는 봄부터 여름까지 이어진다.

숭어는 매우 맛이 좋아 회 맛이 일품이다. 봄 축제 때 맛있는 숭어를 먹는 즐거움 때문에 남자들은 열심히 일한다고 어부들이 자긍심에 차 말했다. 그 모습이 그렇게 즐거워 보였다.

왜 지금 산촌 자본주의인가

일본에서는 사도와 노토에 이어 몇 개 마을이 세계농업유산으로 지정되었다. 구마모토 아소도 그런 지역이다. 넓은 칼데라(화산 폭발로 웅덩이가 형성된 원형 분지) 풀밭에서 매년 반복하여 화전과 적우^{赤牛}의 방목이 이뤄진다. 또한 오이타 구니사키 반도의 우사 지역에서는 상수리나무 숲에서 버섯나무를 만들어 표고버섯을 생산한다. 그리고 시즈오카의 가케 강변에서는 억새를 베어 차밭의 차나무 아래에 까는 농법이 인정을 받았다. 이렇게 세계농업유산에 등재된 곳은 중국, 한국에서도 얼마든지 찾아볼 수 있다.

그럼에도 나는 회의감에 사로잡혔다. '하지만 그 정도 가지고는……' 하는 생각이 들었다. 왜 지금 산촌 자본주의, 어촌 자본주의가 이토록 각광받는 것일까. 거기에 어떤 의미가 있을까.

긍지라는 말을 아무리 강조해도 사실 이런 농법은 너무 왜소해 보였다. 노골적으로 말하면, 대수롭지 않다. 현지 사람 모두가 "놀랍다!"고 말하는 것도 아니다. 이런 과정이 얼마나 바람직한지 자각하고 지켜가야 한다는 것을 겨우 확인시켜주는 단계라고 할 수 있다.

그러나 다케우치 씨는 지금 당장 해야 할 일이라고 강조했다.

"이런 흐름을 소중히 생각하고 '지속 가능한 개발'을 세계로 전개해 나가야 합니다. 최근에야 '지속 가능'이라는 말이 간신히 정착되었습니다. 세계가 지속 가능한 방법을 공유하고 실천하지 않는다면 2030년쯤 지구는 더 이상 손을 쓸 수 없을 만큼 망가지고 말 것입니다. 따라서 산촌 자본주의는 세계사에서 중요한 키워드입니다."

이 말에는 다케우치 씨 나름의 위기감. 위기를 피해 가야 한다는 강한 의지가 담겨 있다. 세분화하고 전문화하는 것만이 중시되는 지금, 세계 곳곳의 사람들과 긴박한 상황 인식을 공유하고 세계 각국의 지식을 한데 모으는 일을 해야 한다는 것이다.

최첨단 바다 연구와
어촌 자본주의

최근 취재 과정에서 오오타 요시타카 씨를 알게 되었다. 그는 현재 캐나다 브리티쉬 콜롬비아 대학에서 기후변동이 바다에 미치는 영향을 조사하고 있다. 물고기 감소로 바다에서 식량을 확보할 수 없는 심각한 사태가 닥치면 어떻게 할 것인가, 라는 주제로 연구를 진행하고 있다.

오오타 씨를 소개해준 이는 오카야마 현 비젠 시 히나세초를 중심으로 활동하는 '우리 어촌 만들기 연구회' 회원이다. 히나세초 주민들은 옛날부터 전해 내려온 어부의 삶을 현대식으로 이어받아 실천하고 있다.

오오카 씨는 히나세초 주민들의 꾸준한 노력을 진심으로 존경하고 있었다. 오오타 씨는 이를 힌트 삼아 오래 전부터 사람들과 나눴던 생각을 행동으로 세상에 전하고 있다. 세계 각지 선주민의 어업 현황, 그 사람들이 갖고 있는 바다에 대한 지식, 공생 개념 등을 연구해 하나의 맵으로 정리함으로써 기후변동의 영향에 적응하는 관리방법이나 정책을 이끌어내려는 것이다. 장대한 작업이 아닐 수 없다.

사실 '선주민의 어업 지식'은 근대적인 어업에 의해 밀려났다. 많은 선주민이 옛날부터 내려온 방식을 버리고 근대화로 나아갔다. 그러므로 선주민 자신도 예부터 전해져 내려온 것의 가치를 발견하고 지키려는 의지를 굳게 다져야 하는 상황이다. 인류의 미래를 위해 그 지혜가 필요하다는 게 오오타 씨의 주장이다.

지금 오오타 씨는 종횡무진이다. 어느 날은 하와이에, 어느 날은 온난화에 의해 수몰 위기에 놓인 태평양의 길리버스 섬에, 또 어느 날에는 캐나다의 동해안 선주민이 사는 곳으로 날아간다. 그 와중에도 공동연구자인 윌리엄 챈 박사와 함께 미국 프린스턴 대학에서 기후변동의 연구자들과 토론하고, 어느 날은 UNEP 세계자연보호감시센터(UNEP-WCMC)와 연구 성과를 교환한다.

오오타 씨는 인류가 기후변동으로 생기는 위기에 맞서기 위해서는 어촌 자본주의를 실천에 옮겨야 한다고 말했다.

"전 세계 바다에서 해수 온도가 올라가면서 산성화되고 있습니다. 이런 현상에서 눈을 떼지 않아야 합니다. 그리고 정성껏 양생하며 살아가는 어촌 자본주의 방식을 지금 당장 시작해야 합니다. 그 방식 하나하나를 도입하면 바다와 인접한 지역들이 기후변동에 어떻게 적응해야 하는지를 알게 되는 중요한 실마리가 될 겁니다."

어촌 자원을 돌봄으로써 사람들에게 풍요를 안겨주는 어촌 자본주의의 방식은 얼핏 보면 '사마귀의 앞다리'처럼 나약하기 그지없어 보인다. 하지만 사실은 그렇지 않다. 그 하나하나는 작아도 그것을 전 세계에서 '무한'하게 이어간다면 그것이 모여 큰 효과를 얻을 수 있다. 오히려 그 하나하나가 눈앞에 펼쳐지는 '하나하나의' 바다 환경에 맞게 적용되는 것이어서 효과가 높다.

이 무한한 행동은 하나하나의 실체를 지닌 행동이 쌓이는 것이다. 무한이라는 표현을 쓰고는 있지만 세려고 들면 얼마든지 셀 수 있다. 지금까지 세계를 뒤덮어왔던 '무한'과는 근본적으로 다르다. 뒤집어 말하면, '도깨비방망이' 같은 해결책을 기대해서는 안 된다는 것이다.

유한한 지구에서 인류가 파멸하지 않기 위하여 지금 무엇을 시작해야 할까? 우리가 100년 이상 올라온 나선계단을 다시 내려가야 한다. 나선계단은 성장 신화의 다른 이름이다.

인간의 경제활동은 무한을 쫓게 된다. 그러면서 인간은 끝없이 욕망을 추구하는 것이 경제를 성장시킨다고 생각한다. 그러나 그 끝에는 과연 무엇이 기다리고 있을까. 지금 유한한 지구는 비명을 지르고 있다.

바다 환경은 내가 지킨다

세계의 바다자원을 지속 가능한 방식으로
관리 유지하려는 네레우스 프로그램.

NEREUS
PROGRAM
Predicting Future Oceans

나선계단에서
내려오라

우리는 어떻게 변해야 할까? 나선계단에서 내려와 같은 곳을 도는, 지속 가능한 방법을 지금부터 시작해야 한다.

어촌 자본주의를 세계적으로 전개하려는 오오타 요시타카 씨의 프로젝트(일본재단과 브리티시 콜롬비아 대학이 공동운영하는 국제해양 프로그램으로 2050년의 바다 '어魚 자원'의 미래예측과 인재육성, 정책결정자와 일반시민의 이해촉진을 목적으로 한다)에는 네레우스 프로그램$^{Nereus Program}$이라는 이름이 붙여졌다. 네레우스는 그리스 신화에 등장하는 '바다의 신'이다. 여기에는 깊은 뜻이 있다. 자연을 정복하고, 인간을 위해 자연을 이용하는 것을 당연시한 결과 과학을 발전시킬 수 있었던 서구 세계가 지금은 그 과학의 틀을 새롭게 정하려는 프로그램에 옛 사람들이 숭배하고 경외했던 '바다의 신'의 이름을 붙였다.

인간은 이제 겸허한 자세로 잃어버린 기억을 회복하고, 지구를 형성하는 온갖 것에 경의를 표하며, 지속 가능한 방식으로 자신의 미래를 개척해야 한다. 거대화만 갈구하면서 공중을 빙글빙글

돌기만 하는 자가증식형 금융에서 '작은 금융'을 떼어내어 사람들의 손에 쥐어줘야 한다.

산촌 자본주의, 어촌 자본주의처럼 눈앞의 작은 자연을 돌보는 것 외에도 주목할 또 다른 것이 있다. 바로 '재생'이다. 격차사회에서 추락한 빈곤층에 돈을 쏟아 부어 재생시킴으로써 경제적 이익을 낳는 것이다.

집이 없는 사람에게 집을, 일이 없는 사람에게 일을, 병에 걸린 사람에게는 다시 주저앉지 않도록 진료 받을 수 있는 환경을, 가난 때문에 학교에 가지 못해 사회의 밑바닥에 머물 수밖에 없는 아이에게는 학교를, 여성에게도 일자리를…….

이렇게 경제활동의 범위 밖에 놓여 있던 사람들, 혹은 그런 사람이 사는 지역을 '지속 가능한' 경제 영역으로 끌어들이는 것이다. 자선사업의 대상이 아니라 이윤을 낳는 투자의 대상으로서. 그렇게 해야 세계경제의 '프런티어'가 될 수 있다.

머니자본주의의
일침

소고기 쟁탈전, 곡물 생산 확대, 농지 확대로 미쳐 돌아가는 시장을 집어삼키는 돈의 급류. 그것 때문에 더 확대되는 빈곤이 다음 시대에 풀어야 할 경제 타깃이 될 것이다. 그 말은 세계경제라는 인간의 행위도 결국 지속 가능하지 않으면 안 된다는 것이다.

투자수익을 창출하면서도 사회문제와 환경문제들을 해결하는 투자, 즉 임팩트 투자Impact Investment의 연대를 주도하는 저명인사도 공식석상에서 중요한 발언을 했다. 미국의 중앙은행 FRB를 이끄는 재닛 앨런 의장이 그 주인공이다. 그녀는 2014년 10월 한 강연에서 '격차'에 대해 이례적인 언급을 했다. 오랜 세월에 걸쳐 벌어진 경제격차의 확대는 미국의 가치관을 흔들지도 모른다는 것이다. 이는 FRB가 나름의 조사를 거쳐 나온 발언이다. 그 누구도 아닌 머니자본주의를 이끄는 사람의 입에서 말이다. 이제는 우리가 나아가야 할 길을 대담하게 변경해야 한다. '소고기덮밥을 먹을 수 없는 날'이 다가오는 것을 그저 유유낙낙 기다려서는 안 된다.

"

어촌 자본주의의 방식은

얼핏 보면 '사마귀의 앞다리'처럼

나약하기 그지없어 보인다.

하지만 사실은 그렇지 않다.

그 하나하나는 작아도 그것을 전 세계에서 '무한'하게

이어간다면 그것이 모여 큰 효과를 얻을 수 있다.

오히려 그 하나하나가 눈앞에 펼쳐지는

'하나하나의' 바다 환경에 맞게

적용되는 것이어서 효과가 높다.

"